中国
Chinese

北京师范大学中国

主　编：张胜军
副主编：马　琳　吕晓莉

2014
中国上市公司民间外交发展报告

ZHONGGUO SHANGSHI GONGSI
MINJIAN WAIJIAO FAZHANBAOGAO 2014

经济管理出版社
ECONOMY & MANAGEMENT PUBLISHING HOUSE

图书在版编目（CIP）数据

中国上市公司民间外交发展报告.（2014）/张胜军主编. — 北京：经济管理出版社，
2015.1
ISBN 978-7-5098-3507-0

Ⅰ.①中… Ⅱ.①张… Ⅲ.①上市公司—人民外交—研究报告—中国—2014 Ⅳ.
① F297.246 ② D820

中国版本图书馆 CIP 数据核字（2014）第 276312 号

组稿编辑：王光艳
责任编辑：许　兵
责任印制：司东翔
责任校对：赵天宇

出版发行：经济管理出版社
　　　　　（北京市海淀区北蜂窝 8 号中雅大厦 A 座 11 层 100038）
网　　址：www.E-mp.com.cn
电　　话：（010）51915602
印　　刷：三河市延风印装厂
经　　销：新华书店
开　　本：710×1000/16
印　　张：10.75
字　　数：141 千字
版　　次：2015 年 1 月第 1 版　2015 年 1 月第 1 次印刷
书　　号：ISBN 978-7-5096-3507-0
定　　价：88.00 元

《中国上市公司民间外交发展报告（2014）》编委会

序　言

　　自 20 世纪 90 年代以来，国际政治经济环境发生了许多深刻变化，经济全球化已经成为这个时代最明显的趋势，越来越多的国家与地区不可逆转地相互联系起来，共同融入了这一历史洪流，对中国而言，我们希望凭借某些"后发优势"乘风破浪，但"洪流"之中却也处处有暗礁。今天，越来越多的中国上市公司在"走出去"战略的引导下，参与到国际经济互动中，这一过程意味着这些公司在追逐利润的同时成长为国际交往的载体。它们的日常运营将对中国外交产生什么影响？如何使公司利益与国家利益相契合？国家形象与公司形象如何相互影响？要解答这些问题，就必须对这些载体进行科学分析和考量。所以，提出一套能够对企业民间外交影响指数进行衡量的评价体系，无论是对外交理论与政策研究，还是对上市公司海外经营活动的具体开展都有着独特的价值。

一、"什么是民间外交？"

　　民间外交可以定义为：在复杂多元的国际社会中，由不具有国家外交正式资格的法人组织或自然人，为本国国家利益、本国官方外交目标，或补充官方外交行为不足，或为维护世界和平和人类共同利益而主动进行的对外交往或交涉活动。

（一）中国的民间外交

从最为宽泛的理解来看，作为一种外交形式，民间外交的雏形几乎可以从任何一个文明的古代史中找到，鉴真东渡、玄奘西行都可以看作是产生了国际影响的"民间外交"事件，而马可·波罗简直可以算是"民间外交大使"了。但作为一个外交学概念，"民间外交"在中国语境下有其自身的演变过程，它不仅仅是外交学上的一个词语，更深刻反映了中国政治发展的阶段特征。

民间外交呈组织性地开展，始于20世纪20年代的苏联，为了突破资本主义世界的封锁，每逢"五一"国际劳动节和十月革命节，工会和其他一些民间机构会出面邀请他国相应组织的代表到莫斯科参加庆祝活动，以此来进行民间接触和交流，但是在当时的国际环境下，这种方式并没有起到很好的作用。不过这一外交形式在新中国成立后却发挥了较为显著的作用，尤其体现在中日和中美建交的过程中，这其中离不开周恩来总理的推动。新中国成立初期，一些国家的政府不愿同新中国来往，甚至采取敌视态度，但这些国家的人民是愿意同中国人民友好交往的。周恩来总理据此认为，应当将政府和人民区别开来——官方没有建立外交关系或没有进行外交活动并不意味着不能有民间的友好往来，这种看法可以被看作是"民间外交"的立论根源之一。当时周恩来经常使用的是"人民外交"，也使用过"国民外交"，这几个词在内涵上其实是有差异的，但在很大程度上又是通用的。从20世纪70年代开始，"人民外交"的提法逐渐淡出，常被使用的是"民间外交"，它不像"人民外交"那样带有些许意识形态意味，其概念本身更强调进行外交活动行为主体的非政府性或非官方性质。

其实，作为官方外交的补充，一些组织或个人以非官方身份来为国家外交目标的实现做出努力，在各个国家都屡见不鲜，而在不同的国家，民间外交有着不同的称谓：我国的民间外交常常被翻译为"People to People Diplomacy"，其他类似概念还有"Civil Diplomacy"（公民间外交）、"Civilian Diplomacy"（公民外交）以及"Multitrack Diplomacy"（多轨外交）等。这些概念各有侧重，而对这些概念进行阐述和实证分析的论著更是不胜枚举，它们有着不尽相同的分析层次，涵盖不同的分析范围：有的强调这种外交形式对官方外交的"补充"作用；有的更强调行为体以维护国家利益为核心的"配合"作用；还有的更为强调这种外交行为的"自觉性"和"独立性"，等等。但对这些概念进行学理分析和比较并不是本报告的目标，本报告秉承"大民间"外交概念，将一切不以国家"名义"处理外交事务的各类政党、机构或组织集团以及有影响的个人等都划归民间外交的行为主体，即所有"非官方"的都可以被看成是"民间"的，而无论是主观上具有服务国家利益或政府外交目标意图，或是客观上产生了有利于国家利益和官方外交目标效果的民间国际往来、交流和活动都可以算作民间外交。

那么，我们到底为什么需要民间外交？民间外交的价值具体体现在什么地方呢？其实，如果仅用一句话来表述，就是民间外交可以弥补官方外交的不足之处，与官方外交是相辅相成、相互促进的关系，两者共同构成中国外交战略的整体布局。

（二）经济全球化时代的民间外交

外交可以看作是国家以和平手段进行的对外行使主权，也是一国政府的传统对外职能，是具有明确目的性的有组织、有计划的行为，所以，即使是民间外交领域，我们也不能将所有的民间国际交往都划归进来。民间外交在根本目标上与政府外交其实并没有什么区别，都是为了促成国家合作和解决纠纷、维护本国国家利益、创建有利于本国的国际环境，等等，两者间的差异主要体现在手段、方式和着力点上。民间外交可以以更直接、更具亲和力的形式做好外国公众和主流社会人士的友好工作，可以更有效地展示本国的文化吸引力和政治影响力，改善国际舆论环境，维护国家利益。可以说，官方外交为民间外交提供重要的政治和安全保障，而民间外交为官方外交奠定了深厚的群众和文化基础。

1. 具体而灵活

在政府外交有时难以触及的领域，民间外交可以大展身手。正如新中国成立之初的特殊国际环境，使得我们不能以一种正常的外交方式来跟其他国家打交道，当时的国家间关系被意识形态所笼罩，官方的外交途径在很多时候没有办法发挥作用，于是，在没有建立外交关系的情况下，民间的一些外交努力成了双方进行试探和沟通的有效途径，"以民促官"是民间外交在当时最重要的功能。

今天，我们所面临的国际环境已经不同于新中国成立之初，但现实的情况却更加复杂了。这与国家利益扩展的范围有关，以跨国公司（或者本身不算跨国公司，但却开展着跨国业务的公司）为代表，中国的经济利益触及世界的诸多角落，中国人越来越多地走出国门，国民权益也需要得到相应的保护，再加上许多全球性的、非传统安全问题的产生，传统的官方外交根本没有办法面面俱到——政府往往更善于在宏观层面来做战略决策，而在具体实施上，有时却难以下手，这时就需要民间外交的组织或团体在被允许的范围内去解决一些官方无法解决的问题，以更灵活和婉转的方式去发挥官方外交难以发挥的职能。

2. 亲和力

以美国为例，提到美国政府，我们的脑海中往往会浮现出"超级大国"、"霸权主义"的字眼，而除了这样的"整体印象"，其政府行为本身也总是与"战争"、"制裁"、"声明"、"法案"之类的词汇相关联，对于普通民众来说，无疑谈不上亲切，甚至多少让人有些心生畏惧；但如果提到美国人、美国社会，我们产生的联想可能就丰富多了——广受欢迎的电影明星，引导世界潮流的电子产品，或许还有美国人"热情、坦率"的性格与"崇尚自由、独立"的文化特性……无论你对这些因素的评价如何，它们是鲜活的。与之相对应的，以政府为直接主导的官方外交活动虽然"效果直接、影响深远"，却也需要面对"重重挑战"，这时，如果能够将这类"鲜活因素"添加到外交活动中来，原本严肃的外交活动将会发生变化，民间外交的魅力正在于此——在普通民众眼中，民间外交从来不是"硬脸孔"，而是充满着亲和力，更能真切地表达"交朋友"的意愿！

值得一提的是，作为新中国外交事业的奠基者，周恩来总理特别善于以他特有的亲和力开展"人民外交"。周总理在外交工作中善于观察，尊重对手，从不强加于人，以春风般的君子风度为新中国广交了朋友，赢得了朋友。周总理提出的"官民并举"和"不忘老朋友、广交新朋友"的方针直到今天仍有重要意义。今日，中国正在与世界上越来越多的国家和地区开展合作，在经济合作和技术交流这类涉及国家发展的具体"业务"领域中，民间外交将凭借其特有的亲和力发挥重要作用。

3. 即时性

在全球化不断推进、各国间相互依赖不断深化的今天，国家利益这一本就众说纷纭的概念变得更为复杂和富有争议。以我国为例，随着国力的增强，国家利益辐射范围大幅扩展，但一些大国特有的"烦恼"也开始出现，各种"中国威胁论"不绝于耳，海外企业不时需要面对东道国的各种突发状况，尤其是政治风险激增，而海外国民的安全问题也对我国传统外交方式提出了挑战；除了自身的发展，世界经济与科学技术的整体演进以及各国需要共同面对的全球问题，也使所有国家的国家利益在内涵上得到扩展，界限变得模糊。

　　官方外交活动的开展有一定的规范要求，仅从官方外交人员和民间外交人员的接待规格差异就可见一斑，官方外交不仅其开展成本整体上比民间外交活动昂贵得多，在即时性上也稍弱。在面对一些如海外绑架、跨国经济纠纷等特殊事件时，官方渠道往往需要耗费大量的行政资源、人力、财力和时间，却难以得到很好的回报，与之相反，民间外交的行为体有时可以利用自身的专长或特殊的社会资源，以相对低廉的成本进行即时的斡旋。

　　面对日益纷繁的国际环境，作为一个国家外交活动的重要组成部分，民间外交就像催化剂、润滑剂，能够对官方外交起到辅助作用，甚至在特定情况下，能做官方外交所不能做的事情，顺利达到期望的外交效果。

二、上市公司——民间外交不可忽视的力量

　　本书之所以将考查范围限定在上市公司，主要是考虑到这些公司的透明度较高，便于收集资料，并不意味着我们仅强调对上市公司的民间外交意识培养而不在乎其他企业。事实上，无论企业规模大小、海外业务多少，都可以主动参与到民间外交活动中来，鼓励这些企业能够有意识地将自身利益与国家利益协调起来，对各国人民的友好交往以及中国的国际形象维护能够发挥自身特殊的作用。

（一）资源和实力

　　随着公司海外经营的不断深化和跨国指数的不断提升，全球范围内的资源角逐使得一些大型跨国公司具备了堪与一些中小型国家媲美的经济实力，这种超强实力带来的是权力的转移：在很多地方，母国或东道国在面对跨国公司时已经不再扮演管理者的角色，而变

成了平等谈判的一方。人们常说当今世界的两大主题是"和平与发展",但国家之间依然严重不平等,发达国家、发达地区与欠发达国家和地区之间的差距依然惊人,而不平等的现实背后是不平等的国际秩序。跨国公司的对外投资有利于其母国扩大市场,增强企业竞争力,而跨国公司的直接投资也会提高东道国的生产能力,扩大其生产和就业规模;还有很多跨国公司选择实施了"本土化"战略,试图融入当地社会,在遵守当地法律的同时,从事一些公益事业。这些行为在很大程度上促进了东道国国家利益实现,尤其当东道国为欠发达地区时,这种积极影响更会直接助力其经济与社会发展,进而有利于降低国家间发展的不平衡,塑造更为和平的国际环境。亚、非、拉美的诸多欠发达地区是中国开展外交活动的重要对象,虽然追逐经济效益是公司涉足当地的首要原因,但这并不意味着必然与东道国或东道国的企业发生利益冲突,共同发展和达成双赢不仅是可能的,而且是必要的。

　　除了最重要的经济资源,上市公司们还占据着许多其他资源,比如科学技术、国际事务的处理经验、特殊人才的储备,以及企业声誉、人脉和私人关系这种隐形的社会资源。例如,在世界科技开发和技术贸易领域,跨国公司掌握了世界上80%左右的专利权,基本上垄断了国际技术贸易,在发达国家,大约有90%的生产技术和75%的技术贸易被这些国家最大的500家跨国公司所控制。大型的跨国公司甚至有能力直接参与到母国和东道国的政治决策中来:培植代理人对政府进行游说,组成压力集团发出自己的声音,通过资助研究机构借权威人士之口来献计献策,或是凭借自己强大的经济实力和垄断优势进行公开的讨价还价,这些行为在今天十分常见。此外,有些公司还会使用一些非常规手段来达到自己的目的。

　　显然,在遵守当地法律法规的前提下,如果能够充分调动起这些公司所拥有的资源来配合国家外交政策的实施,将会产生事半功倍的效果,这种"调动"绝不是将经济问题"政治化",或是将经济行为体"政治化"，我们也并不提倡采用官方途径，甚至是强制手段来介入这些资源，而是希望公司自己对这些沟通途径进行"分享"——在很多情况下，它们作为独立行为体，可以积极主动地发挥作用，配合国家政策、维护国家利益。

（二）国际交流

公司的跨国经营会加深国家间的相互依赖，比如一些公司间的相互持股，使它们真正形成了"你中有我，我中有你"的关系，这样的关系虽然未必会减少国家间的摩擦，但却会有效减少相互间采取过激手段进行报复或者爆发直接冲突的可能性。这种跨国经营天然有利于民间往来，即使是出于纯粹商业目的而进行的商务交流，也会在客观上促进两国间的人员、资金和技术流转，而公司开展的一些项目，如员工的跨文化培训、实习生的国际化招聘、与其他国家共建研发中心等，已经明显体现了民间外交的价值诉求。

由于涉及海外经营，公司有可能外派相当数量的人员，很多时候是从事管理工作，这些人员生活在东道国，与当地员工一同工作或生活，无疑会增进相互间的了解。这种了解不会局限在公司内部，而是会与公司形象、信誉等无形资产产生协同效应，将这种民众间相互熟悉的过程溢出到社会层面甚至是国家层面。两国间民众的相互了解有利于消除敌意，创造更友好和善意的氛围，这往往正是促进国际合作、达成共赢的第一步。社会建构主义强调观念和文化的作用，认为文化塑造身份，身份决定利益。事实上，两国间的友好氛围的确在很大程度上可以起到缓解甚至克服利益冲突的作用；反之，相互间的敌意也可能会使本来可以达成的合作化为泡影。"政冷经热"和"经冷政热"的情况在国际上都不罕见，而即使双方在经济利益上并没有进行协同的动力，友谊的价值也会得到体现。

公司长期在海外开展活动，也会将母国文化传播出去，这种传播有时是附在企业文化中一起，比如"团结友爱"。有时是体现在公司产品的特性之中，而更积极的方式则是公司直接出手来构建交流平台——举办或赞助国际会议、论坛来研究文化及双方关系的发展，或是提供资金资助双方的文化交流项目，推动建立友好城市，举行友好赛事等以及其他更为创新和独特的活动，如果说之前的两种途径最多算是具有一定的"民间外交价值"，而不能算真正的民间外交活动，最后的这种途径则显示出公司在民间外交领域的主动性和积极性。

（三）公司形象和国家形象

　　公司的国家属性意味着公司的形象往往会与国家形象直接挂钩，换言之，公司的行为会影响到国际社会对其母国形象的认知。国家形象在根本上取决于国家的综合国力，但又不能简单地等同于国家的实际状况，这是因为它代表着人们对一个国家整体的主观认知与评价，而这种认知来源于国家的内部要素与外显形态的总和，是社会公众通过特定中介形成的对一个国家的总体印象、认知、认同与评价，带有主观色彩，同时包含着理性认识与感性评价两个方面。也就是说，它在相当大的程度上是可以被"塑造"的。

　　众所周知，德国产品以品质精良著称，技术领先，做工细腻，其出口业素以质量高、服务周到、交货准时而享誉世界，这已经成为德国的形象代表。我们经常将严谨、认真当作德国人的一种普遍性格特征，并且认为正是这种特质使得德国赢得世界的尊重，试问德国性格和德国产品究竟是谁成就了谁呢？至少，在国家形象的问题上，跟略显抽象的人格魅力相比，实打实的产品更有说服力。中国如今"走出去"的企业已越来越多，响亮的中国品牌却不是太多，有的负面信息，即使发生在根本没有海外业务的企业身上，仍有可能在损害企业形象的同时波及中国的国家形象，反过来，国家形象也会在相当强度上影响企业的海外形象。正是二者间的这种紧密联系，使得公司对一个国家的形象塑造具有举足轻重的影响。

公司的形象塑造主要通过两种途径，一是自身提供的产品和服务使消费者产生何种评价，二是公司对社会责任的履行状况及这种履行受认可的程度。前者要求公司不仅要做好产品质量管理以及售后服务，并且要关注合规管理和内部控制，对生产过程中以及售前和售后中可能出现的风险建立合理的反应机制；后者则要求公司承担对员工、消费者、社区和环境的社会责任，包括遵守商业道德、生产安全和劳动者权益保护，以及支持环境保护、公益慈善事业等。此外，公司还可以通过广告宣传来对自身形象和产品进行展示，事实上，很多大型跨国公司会主动打"国家牌"，以自己国家的"异域特色"或"独特魅力"来打动消费者，或通过传递本国文明中的某些观念或信念来打消东道国对自己的疑虑。这些付出会使公司得到更高的社会评价，塑造良好的公司形象，从长远来讲，公司也会得到相应的回报。

不同于政府偶发的针对国外民众的外交行为，公司在开展海外业务时往往需要深入当地，甚至直接建立海外分支机构和分公司，与当地民众的接触更全面，并具有延续性，其影响也更为循序渐进。更由于公司的海外活动是直接呈现在外国政府与民众的视线中，大大缩短了由内而外的国家形象彰显过程，对于国家形象的塑造会起到更直接和高效的作用。

（四）企业利益与国家利益

随着国际化经营的加深，很多公司，尤其是大型跨国公司的国家属性正在淡化，这一方面是股权变化和内部机构设置及产业链进行全球布局所造成的客观结果；另一方面也是公司努力做"国际人"的结果，这些公司有时并不希望自己被贴上固定的标签，而是尽可能降低自身的政治属性，以规避各种可能的风险。但中国的公司却比较特殊，其与生俱来的国家属性相当明显——这是由以下两方面造成的：一方面，中国与众多西方国家实行着不同的政治制度，加上不同的文明圈所带来的隔阂，中国和中国公司确实比较容易被"区别对待"；另一方面，国企仍然是"走出去"的主力军，如在2011年末，我国非金融类对外投资存量为3500多亿美元，其中国有企业占投资存量六成以上，而世界500强中的中国企业，绝大多数是国企和央企。当然，遵循市场原则，遵守国际贸易的游戏规则是我们应当坚守的原则，并不会因这种特殊性而有所改变。

既然中国的上市公司与国家有着如此紧密的联系，怎样平衡国家利益与企业利益就成了一个重要的问题。国家通过制定法律政策和国家强制力的保障作用，能够为企业提供适宜的发展环境，良好的国家形象也可以成为企业走出国门的免费广告；反之，一个国家的企业群能够发展壮大，并且有能力在国际上寻求市场、技术、效率和战略资源，对于这个国家的经济发展、技术发展乃至社会安定都十分有益，而企业在国际竞争中所占据的优势地位也会转化为国家在相应领域的话语权和竞争资本。但是在现实中，又不时会出现两者发生冲突，需要做出取舍的情况（例如，前几年宝钢就曾被媒体指责"带头涨价使中国在铁矿石谈判中更为被动"），而一些利用垄断地位获取超额利润，或是通过行贿等不正当手段来实现"自身利益"的企业行为，也涉嫌对国家利益的侵犯。显然，国家利益与企业利益间是能够相容并达成共赢的关系，尽可能减少冲突并达成两者相互促进的良性循环，这些正是我们所期望的，也是本报告的目标之一。

公司对国家利益的维护可以从两点来看：第一，无论是否是国企，中国企业如果在参与世界经济竞争过程中发生亏损，其实，直接或潜在地等同于我国国家利益遭受损失，所以在进行对外投资的过程中，要注重规避当地的政治风险、法律风险、市场风险以及金融风险等，尝试建立各种风险预警机制，一方面避免出现危机事件；另一方面争取将各类风险事件对国内母公司的影响程度降至最低，以保护整体经济安全。第二，则是中国的公司在走出去的过程中对国家战略的配合。国际化进程理论认为，企业的国际化行为是一个发展的过程，其表现为企业对国外市场逐渐提高承诺的过程，这既是企业能力发展的结果，也是企业资源配置的客观需求。在对外直接投资上，中国企业经历了一个以寻求市场和寻求技术为主，到今天以获取战略资源和效率为主的演进过程。这里的战略，指的绝不仅仅是公司发展意义上的战略，也包括国家发展的大战略。公司如果能够加大对母国紧缺资源的掌握力度，或是配合国家外交政策来进行投资和开发，对我国国家利益的实现将具有重大意义。

三、中国上市公司与民间外交

上市公司作为民间外交的行为体可以发挥巨大作用，与国外大型跨国公司相比，中国的上市公司无论在责任担当还是在操作层面都有提高的巨大空间。

（一）形象

中国公司的形象缺陷大致可分为三类：首先就是产品本身的形象问题。中国作为多年来的"世界工厂"，往往缺乏核心技术，大多数产业在国际分工格局中处于低级的位置，而出口的产品也多处于价值链的底端，技术创新度较低。虽然我们常说中国商品给人以"物美价廉"的感觉，可事实上，"廉价"对于消费者而言是一种消极暗示。另外，我们也缺少打得响的国际品牌，像服装业就多以贴牌的形式出口。

除了产品本身，公司的经营活动中也存在着形象不佳的问题。寻求市场、获得战略性资源和原材料是包括中国在内各个国家的公司进行国际化经营的主要动因，但公司如果仅将经济利益纳入考虑范围，而不考虑自身对东道国社会和民众的影响，极易被扣上"唯利是图"的帽子，比如一些能源公司对作业中所破坏的环境恢复不力，就很容易授人"资源掠夺"的话柄。中国的公司在海外社会责任履行方面尚未尽如人意，开展的公益慈善类活动较少，也不善于同当地社区与国外媒体打交道。

此外，不得不承认，一个国家的国际形象也经常会映射到这个国家的公司身上。中国作为崛起中的新兴市场、发展中大国，实行着不同于多数发达国家的政治制度，在意识形态与国家利益的双重竞争与对立中，"中国威胁论"、"新殖民主义论"的论调不绝于耳，而我国这些"走出去"的公司的国际化在很大程度上是由国家战略推动的（尤其体现在能源类公司上），它们不得不比其他公司多承担许多审视的目光，面对更多挑剔，甚至责难。

（二）国际影响力

在 2013 年的《财富》评选的世界 500 强公司榜单中，中国公司占据了 95 席（内地与香港地区 89 家，台湾地区 6 家），由此可见，中国公司的规模与实力处在上升期，有着良好的发展势头。但在国际标准的制定上，中国公司却没有相应分量的发言权，国际通行的行业技术标准基本是欧美标准，我们只能被动地适应既有标准，增加了成本，压缩了利润，制约了中国公司在国际市场上的发展空间。同样与公司规模不成正比的一个情况是，我国公司的跨国程度仍然很低，依据中国企业联合会、中国企业家协会发布的"2013 中国 100 大跨国公司及跨国指数"来看，我国这 100 大跨国公司的平均跨国指数仅为 13.98%，不仅远远落后于世界 100 大跨国公司的平均水平，也明显落后于发展中国家 100 大跨国公司的平均水平，甚至很难符合国际上对"跨国公司"的认定标准。

（三）公关关系

中国的公司在拓展海外业务的过程中，需要与海外媒体、政府、民众以及一些利益集团、组织机构等各种对象打交道，但对公共关系的经营却明显不够重视。根据麦肯锡 2009 年的一项研究数据，过去的 20 年里，中国有 67% 的海外收购不成功，而来自中国矿业联合会的数据也显示，"十一五"期间，中国企业的海外并购成功率不到 20%，造成这种低成功率有很多原因，有些原因在短期内难以转变，比如矿产类公司的并购容易牵动当地政府神经，出现政治干预导致流产的情况，但更为普遍的原因则在于中国公司不善处理公共关系。中国的公司在面对并购或反倾销调查等问题时，往往采取低调的姿态，避免接触媒体，寄希望于"高层运作"或通过中介进行斡旋，这种精英路线在当下有很大的局限性，公司如果能够利用多元渠道与更多的受众进行主动沟通，澄清立场，反驳负面新闻，解释自己的目的、意图，则能更好地缓解这类问题。

此外，中国的上市公司还普遍存在对外直接投资规模偏小、投资绩效指数较低、国际市场经营人才缺乏、海外投资政治风险应对不力等情况。

这些问题所显现出的影响已经超出了经济范畴，带有社会性甚至政治性，如果不能妥善处理它们，不仅会使我国的公司遭受损失、面对经营困境，也会直接损害到我国的国际形象和国家利益，中国上市公司的民间外交意识培养必须提上日程。鉴于此，我们亟须提出一种具有中国特色的民间外交理念，这种理念的核心是对"人民友谊"的增进，目的在于"以民促官"，在这里，上市公司扮演着不同于其他国家的特殊角色，肩负着特殊的使命，一方面要意识到自身对于身后的国家所担负的责任；另一方面，作为第一代走出去的中国公司，不能忽视自身对后来者的引导与示范作用，并且应当有意识地对中国公司的整体国际信誉有所贡献。

目　录

第一章 "国家—企业—社会"的有机联系

民间外交活动的巨大价值和上市公司作为行为主体的可能性不容忽视，其中的原理不仅关乎企业—社会的关系，更关乎企业—国家的关系。以下从"国家—企业—社会"的三角关系，中国现今的发展阶段对上市公司的挑战，民间外交对国家竞争力提升的价值以及中国公司承担民间外交责任的动因等几个方面进行探讨。

一、国家—企业—社会的三角关系

企业身处社会之中，跟国家相比也是一个次级概念，但国家、社会与企业之间却不是单纯的影响与被影响的关系，而是构成了一个相互影响的三角体系（见图1-1）。这种关联性提醒我们应当重视企业在国家和社会层面可能发挥的作用。

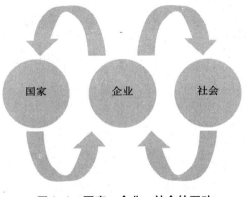

图1-1 国家—企业—社会的互动

（一）国家—企业的互动

国家对企业的影响是全方位的，企业的经济活动需要在由国家强制力约束的法律环境中进行，国家的文化会给其企业留下烙印，而当企业涉及海外经营，其所属国的形象也会影响人们对这个企业的看法。与之相对应的，企业在形象、法律、文化这几个领域也会对国家产生反作用。

1.形象的反作用

首先，对国家与企业关系的最直观看法就是一个国家的整体形象会投射到这个国家的企业和国民身上。对于公司而言，母国就代表着其"出身"，就像持有不同国家护照的人有可能会在同一个机场遭受到不同的待遇，公司的国家标签也会带给它们不同的待遇。所以，作为一种经营战略，公司有可能刻意隔断这层联系，选择低调经营，这在一定程度上无可厚非。如果"某国"这个标签带给公司的是巨大负面影响，那么谁也无法强迫公司必须担负这种影响，但这种回避行为却不可取。如果选择隔断与母国"联系"低调经营这条道路，也就意味着公司放弃了根基，放弃了公司生命力的源泉，放弃了更长远的机会。

企业的国家属性使得它们在民众的眼中会承载着对其所属国家整体形象的一种预期。一家瑞士的钟表公司相对于一家巴西的钟表公司，一家日本的电器公司相对于一家越南的电器公司，一家德国的奶制品公司相对于一家中国的奶制品公司，即使我们对两家公司都一无所知，也会倾向于选择前者而非后者，为什么？对瑞士钟表行业的高预期又从何而来呢？显然离不开其钟表行业多年来的优良表现。当然，这种印象只能算是瑞士国家形象的一个小小折射面，国家形象与企业形象并不是一个在时间顺序上"谁先塑造谁"的"蛋与鸡的问题"，对我们来说，更重要的是要意识到企业行为对于国家形象的潜在价值。

> 在国际交往中，索尼是我的左脸，松下是我的右脸。
>
> ——日本前首相中曾根康弘

　　作为一种整体认知，一个国家的国际形象不是一朝一夕可以建立或改变的，从渐进的过程来看，企业的群体性信誉与口碑将汇聚为该国家某一行业的形象，进而由行业形象上升到国家整体形象，进而辐射到对这一国家的国民性格、素养的综合判断。现实中的这一过程并非如此单一，整个流程也并不是循规蹈矩、一成不变的，而是充满了跳跃性与随机性。在高度信息化的今天，企业的行为并不是仅仅以经营效果来展现，企业可以涉足的领域日益广阔，可供评判的领域也一并增长。即使从没有穿过耐克鞋的人也有可能对耐克公司拥有自己的判断，进行这种判断的关键词可能包括——"名牌"、"美国"、"运动"、"世界杯"、"血汗工厂"、"双重标准"等，这些词语本身已经很少涉及对一双球鞋最基本的样式、质量进行判断了。

　　如果一家公司曝出在海外工厂压榨劳工的丑闻，其负面效应并不是通过"个别公司—行业—国家"这样的顺序来逐步上升，而是呈爆炸式全面扩散——人们直接会问：这个国家凭什么将自己的繁荣建立在压迫他国的基础上？这个国家的法律为何不能有效约束自己的公司？这个国家是否为达目的不择手段？我们是否需要进行抵制或抗议？从另一个方面来理解也是一样：一件耐用的精密仪器可能会直接加深我们对德国人认真、严谨态度的敬佩；一项跨国的教育领域的长期赞助可能加深两国间的善意——这些行为或大或小，或有意或无意，对国家形象所产生的影响也是点点滴滴的，但这点点滴滴的汇聚却是明晰而且立竿见影的。与其说企业的自身形象会让人联想到其母国形象，不如说企业在塑造自身形象的同时也同步塑造着母国形象。

2. 法律约束

企业的经济行为会受到国家法律法规的制约，良好的法律环境在为企业提供公正竞争环境的同时，也为这些企业划定了行为准则。在公司治理、经营管理、安全生产等方面，法律的约束力无须赘言——我们因此得到了一个（普遍而言）无须依靠野蛮压榨劳动力来获取额外利润的社会；通过出台一些鼓励政策（压制政策），国家可以对产业结构或是某些产业内部资源分配起到调控作用；而通过制定相应的行为规范和产品标准，国家可以促进技术创新，虽然可以预见有些企业会因跟不上步伐而被淘汰，但从长远的角度来看，则是在促进企业提升竞争力。

一个现代国家法律的制定，从根本上说是要创造出一个符合其国民需求的规范环境。除了个别极端环境以外，企业一般是可以通过合理的途径来表达自己的利益诉求，从而对自己国家的法律制定产生影响。一方面，国家在制定或调整其法律法规时，绝不是闭门造车，尤其在具体条文和标准制定方面，需要与现实的社会环境和市场环境相契合，所以一般都会向社会各界广泛征求意见。企业既有可能通过积极地表达意见来左右立法进程，也可能通过组建压力集团来对政府施压，还可以与相关专家或媒体合作来影响社会舆论。而在很多国家，企业经营者可能会作为议员或代表直接参政议政，直接从内部发挥作用。另一方面，除了基本法律的制定，政府还会面对一些具体事务的处理，比如是否需要出台对某国家企业的制裁措施？其关税制度下的某些规定是否需要调整？如果要应对国际竞争，是否需要对某些产业进行补贴？通过游说或其他手段，企业（尤其是一些有实力的大型企业）有能力对这类议题施加影响。

　　除了有意识地参与到国家法律制定过程中去，企业自己的经营与发展客观上也会对国家的法律环境产生影响。这是因为一个国家的法律制度是由其社会发展水平决定的，法律除了应对企业产生"约束"作用，更应当对其产生"推动"作用，如《公司法》制定的目的是为了给公司提供良好的经济秩序。总之，法律是为了维护利益，而利益的范围则是由"人"来确定的——当一个国家的企业数量和门类激增时，国家法律保障体系对此的要求也会相应提升；而当这个国家的企业开始走出国门，涉足海外时，如何对其进行约束和保护就对这个国家的法律提出了新课题。

　　3. 文化映射

　　文化是一个复杂而宽泛的概念，很难给它下一个精准而严格的定义。从广义上讲，文化是指人类在社会历史发展过程中所创造的物质和精神财富的总和，它包括物质文化、制度文化和心理文化三个方面。物质文化是指人类创造的种种物质文明，包括交通工具、服饰、日常用品等，是一种可见的显性文化，而制度文化和心理文化分别指生活制度、家庭制度、社会制度以及思维方式、宗教信仰、审美情趣，属于不可见的隐性文化，包括文学、哲学、政治等。从狭义的角度来看，文化则用来专指人们普遍的社会习惯，如风俗习惯、生活方式和普遍的行为规范等。

　　就整体而言，各个国家的文化会表现出各种特性，集权的或是分权的、开放型或是保守型、个人主义的或是集体主义的、偏男性的或是偏女性的，等等，国家文化会深刻地影响到企业偏好、行为与决策，塑造企业文化。具有不同文化属性的国家也会塑造具有不同属性的企业。有的企业善于进行资本运作，有的则更倾向于采用传统的发展模式；有的企业具有很强的侵略性，有的则相对保守；有的企业文化喜欢宣扬优胜劣汰、适者生存，有的企业则想方设法塑造自己的亲切、柔和和人性化的一面……这些看起来只是个体自由选择的结果，但当我们将目光限定在一个国家，比如中国，就可以看到，虽然有些企业有着不拘一格的表现，但就整体而言，中国企业的运作存在着的共同的偏好与模式。比如喜欢遵循务实原则、低调做人，在海外经营时一般不愿与当地媒体主动接触；在内部管理中对人情、人脉因素的重视，在营造亲和氛围的同时也保留了"长者为尊"和"人治"的习惯。

与国家形象和企业形象连带关系不同，国家文化对企业文化的影响是全面而深刻的，而不仅仅体现在对"企业文化"的直接映射——国家文化会通过对公司决策者、员工潜移默化的感染来将这种影响内化到所有人的心理层面。

文化具有极为丰富的内涵，但也正因为如此，反而失去了在现实生活中对其进行具体描述的能力。我们口中对"文化"（"国家文化"）的使用很多时候只是为了方便，似乎"文化差异"便足以解释世界上的所有冲突。应当看到，文化并不是一个凌驾于人类社会生活之上的概念，为什么一幅纽约街头高楼林立的图片会让人感受到美国的高度现代化？为什么一座污水处理厂可以代表这个国家对环境的重视和人本主义文化传统？为什么一篇揭露政客丑闻的新闻会成为这个国家崇尚自由的象征？——正是由于文化具有如此多的物质载体，即使我们无法给它下一个准确的定义，却并不妨碍深入地探究它、体会它。而作为一种经济制度，现代公司制一般被认为源起于中世纪欧洲，其理论渊源可追溯到各种契约论，可以被看作是广义文化的一种具体表现；而作为具有法律行为能力的实体，公司（企业）本身就是一国文化的组成部分，拥有很多有形和无形的资源，如工厂、办公楼、员工、资金、原材料、产品、技术、专利、企业文化、公司声誉、管理经验，等等；再进一步讲，企业的经营方式体现着经营者和员工的经营理念与价值观，企业的研发能力体现着这个国家在相关领域的技术水平，企业的休假制度可能表现出这个国家对福利问题的态度，企业的生产规章依据的是这个国家的法律和人们的习惯认知——也就是说，企业是一个国家文化的物质承载者，使得"文化"这一略显抽象的名词具象化。

正是这种承载关系使得企业对一个国家的文化具有另一重作用——传递者。当企业进行跨国经营时，身上承载的文化特性会被人为地强化。在美国，人们吃着麦当劳时不太会意识到快餐上"承载"了什么，而在中国，即使你已经非常习惯于汉堡的味道，甚至在麦当劳吃饭比在家里还要多，你仍然能够明显意识到这是"外来的"，它代表的是西方饮食习惯，面包与馒头的差别除了口感外还包括制作工艺，也许你会去想：为什么同样是面粉，我们却在做法上"走上了两条道路"？"润物细无声"的"蒸"与"天丁震怒，掀翻银海"的"炸"，是否也是不同的两种生活态度呢？除了产品或服务所附带的联想作用，企业在海外的经营活动必然会涉及人员的交往，这些交往将成为国际文化交流的纽带，而有些企业也会主动从事一些人员交流和文化推广活动，来对外传播母国文化，或者引介他国文化。

> 耐克非常注重产品的文化元素，在营销活动中也十分注意以文化促营销。耐克的成功，很大程度上是美国文化的成功。在美国国内的产品生产与宣传上，耐克一贯以来都强调"美国精神"中的独立与个性，无论是请NBA球星乔丹代言产品还是与甲壳虫乐队进行宣传合作，耐克牢牢抓住了美国青少年对张扬个性的渴望；而在美国之外，耐克的文化营销重点又突出体现在在美国文化中追求个性追求成功上，结合这个时代美国文化受到全球青少年崇拜的契机，成功地在全球市场站稳脚跟，逐步成长为世界著名的体育品牌。

（二）社会—企业的互动

除了国家，社会同样与企业有着紧密的关系，这突出表现在消费者、非政府组织（NGO）和媒体与企业间的相互作用。

1. 消费者—企业

经济学中最为初级也最为重要的一对概念恐怕就是"需求与供给"了。在市场经济占据主导地位的环境下，任何企业要想求得生存和谋取利润，都不可能不重视消费者。对于企业来说，消费者的消费需求就是其经营决策的起点，对消费者的消费行为进行分析是其营销策划的基础，而消费者消费结构的优化升级决定了企业进行战略规划的整体方向。成功的企业经营者往往能够敏锐察觉到消费者尚未被满足（甚至尚未被意识到）的需求，他们善于提升自己产品的关注度，让自己的产品成为"受欢迎的"，让产品购买者相信他们受到了"尊重"、是"被迎合"的。具体到一家企业，它的产品是否需要更新换代，它的规模能发展到什么程度，如何细分市场，几乎一切行为都会受到消费者因素的影响。正因为如此，为了满足消费者，企业需要的不仅仅是提供更好的产品与服务，企业的形象也需要得到消费者的认可，因为即使企业的负面新闻与产品本身质量无关（例如高管丑闻、生产过程中的安全事故和环境事故），也有可能使消费者对企业整体产生消极印象，从而损害企业利益。所以，虽然消费者并没有主动去对企业进行约束的意图，企业仍然会因为消费者的原因而去改进生产流程或加强内部的合规管理。

反过来，企业对消费者的影响一般总是与营销策略联系起来的。的确，通过一些促销手段或新颖的宣传方式，企业可以在一定程度上左右消费者对自己的看法，不过更为根本和长远的方式则是依靠自己的实力来塑造稳定的产品形象和企业形象。

消费者对需求的认知是一个动态的过程，不同时期的消费者对于自己"到底需要什么"有着不同的认识，到底是生产决定需求，还是需求决定生产，绝不是一个能够一言定论的问题。从客观上讲，消费者永远希望以更便宜的价格享受到更优良的服务，希望为自己的生活提供更多的便利，但要将这种需求具体落实到生产线上，企业似乎享有更高的决定权。很多时候，其实是企业让人们相信自己"需要"再薄一点的手机，"需要"更快一些的汽车，"需要"的具体形式其实是由企业来塑造的。

除了日常的生产经营，现代企业已经越来越多地涉足一些非经营领域，比如开展慈善捐助和民间交流活动，这些活动对消费者也可能产生直接或间接的影响。

2. NGO—企业

不同于消费者的隐性约束，NGO 中存在大量的行业协会以及相关组织，它们既是市场主体的联合者，也是行业内的协调者，很多时候会作为第三方，与政府配合对企业进行约束和监督，具有一定的权威性。除了行业协会的自我监管与自我治理，NGO 中很多权益组织会通过自己的渠道来影响社会舆论，进而影响政府立法与决策。比如一些环保组织会通过组织抗议活动或宣传活动，来提起人们对某行业污染问题的重视，这些"重视"一旦转化为行动，对于这个行业所属企业来说，就不得不面对一次"大变革"——工厂的选址可能遭受抵制，行业标准可能面临调整，公司的公关部门可能面对纷纷要求"公开信息"的民众，不能妥善处理这些问题或者不能及时跟上技术发展浪潮的公司将可能被市场淘汰。跟消费者群体相比，NGO 的主动意识更为明确，并且具有组织性和专业性，在社会监督领域往往发挥着举足轻重的作用。

因为 NGO 对企业起着相当重要的督导作用，这似乎将 NGO 摆在了一个高位，而将企业置于较低的地位，事实上，企业有时为了自身利益的实现，或是出于社会责任感，也会让 NGO 和公民社会团体主动进行联系与合作。以社会公益来说，很多 NGO 的建立宗旨就是为了维护某些弱势群体或者保护生态圈，但是在运行过程中往往会遇到一些障碍，最主要的是资金问题，也包括一些沟通方面的障碍，在这种情况下，如果有企业参与进来提供支持，无疑会起到相当大的推动作用。在实践中，企业与 NGO 合作进行公益项目也确实比较常见，更有甚者，一些 NGO 背后的直接控制者就是企业，或者其整个运行都是由企业进行支撑的。此外，一些社会型企业在某些领域已经扮演了 NGO 的角色，它们对于一些科学研究的支持或是对青年教育与创业的鼓励已经超出了传统意义上的"营销手段"或"公关作秀"范畴。

NGO 与企业被期望达成一种互补关系，NGO 可以帮助企业在可持续发展领域找准自己的定位，更好地开展自己的社会责任活动，提升竞争力；而企业则需要以平等和包容的心态来面对 NGO，不要总将其想象成令人讨厌的抗议者，而要去试图了解它们的逻辑和理念，从而为共赢创造前提条件。比如麦当劳的包装更新问题就是两者合作的典范之一：美国环境保护基金会的专家曾与麦当劳公司共同合作，开发出了一种更具保温性、存储方便且减少漂白工序的薄纸包装，用来取代之前的塑料包装盒，这种包装一直沿用至今，大大减少了对环境的污染。

世界自然基金会将与当地企业合作

2014 年 4 月初，世界自然基金会 (WWF) 与中国科学院水生生物研究所、华中农业大学、中国水产科学研究院长江水产研究所、国家淡水渔业工程技术研究中心 (武汉)、湖北省水产科学研究所联合订立了推进湖北省负责任渔业项目合作框架协议，监利县天宏水产有限公司被选定为虾稻轮作综合种养项目承担主体之一。

为进一步提高种养效益，探索粮食安全、食品安全和农村生态环境安全之路提供范例，世界自然基金会与监利天宏公司拟定在三洲镇下梓村、朱河镇花园村开展项目合作，主推虾稻轮作种养技术和水产品质量安全可追溯平台建设，并以点带面，扩大和带动周边群众进行虾稻轮作，增加农民收入，保护生态环境。

——荆州新闻网，2014-04-28

3. 媒体—企业

　　普通民众不太可能去花时间去了解一罐饮料的配方表或营养成分表的每一项意味着什么，也很难知道刚刚吃下去的那道菜是用什么油炒出来的，即使一件产品在别处已经被认定是具有潜在危害性的，自己也有可能因为不知情而一再购买。所以，媒体对企业所能起到的作用不言而喻，一方面，作为信息传递的媒介，媒体承载着普及知识的作用，消费者需要从媒体上获知一个企业的产品信息，如果需要，还包括这家企业的股权变动情况、盈利情况等信息；另一方面，也是更重要的方面——消费者需要媒体发挥其监督者的职能。作为社会监督的一部分，媒体监督，是指报纸、刊物、广播、电视等大众传媒对各种违法违纪行为所进行的揭露、报道、评论或抨击。随着社会经济的发展，媒体在社会违法事件中所扮演的角色也越来越重要，事实上，近年来一直是媒体而不是政府在有效地监督和制约一些企业不顾社会责任而过度追求利润的行为，如偷漏税款、产品造假、内幕交易、经管不善以及腐败行为，等等。可以说，新闻媒体承担着尊重新闻事实和维护正义的神圣职责，而由于其自身所特有的开放性与日益凸显的多样性，这份职能在未来还会不断得到强化。

　　企业的经营活动离不开对媒体的利用，无论是广告营销，还是其他宣传活动，抑或是公共关系的疏通，企业都需要与媒体保持良好的联络与沟通，这就使得媒体经常会成为企业与政府或其他社会成员（如消费者或 NGO）间的传声筒和中间人。

　　虽然前文分别讨论了社会层面对企业发挥制约作用的三个因素，但消费者、NGO 与媒体在现实中却很少是"分别"发挥作用的。消费者是企业产品的直接受用者，他们的评价将直接影响企业的声誉和口碑，但这种评价很多时候并不是由其本人发出的，而是通过媒体或者 NGO，后者有可能将正面评价扩展为一种变相的营销广告，也有可能将负面评价转变为企业需要面对的一场危机；NGO 相对而言与企业没有直接的利害关系，它们被寄希望于能够放眼人类"普世价值"，但任何价值观的弘扬都离不开相应的媒体支持；媒体对企业进行约束靠的显然不是文字、图片或记者们本身，而是这些信息的有效传达所起到的舆论引导作用，归根结底，靠的是"民众"力量，而如何将这些民众的力量集中起来往往又是 NGO 所关注的问题。社会的构成极为复杂，除了这三者，企业的合作伙伴、竞争对手、内部员工，甚至其他所有社会成员都有可能对企业活动产生影响，而反过来，企业的"能动性"也是不容忽视的。企业与 NGO 的公益合作会被看作是塑造良好形象和履行社会责任的表现，会让消费者与社会公众对其抱积极看法。尤其当这种行为跨国化之后，由于其非官方的身份和非正式的形式，有可能上升至民间外交的高度。

二、中国与世界关系中的上市公司

中国与世界的关系从未像今天这么紧密，互动也从未像今天这般频繁，身处其中，中国人恐怕比历史上任何一个时期的国人都更关心我们在这个世界大家庭中所处的位置。

（一）中国处于怎样的发展阶段

自重新融入世界经济的整体发展中以来，中国近几十年的飞速发展举世瞩目。我国经济总量于 2013 年已经超过整个欧元区，约为日本的两倍，国际货币基金组织和世界银行对 2014 年中国经济增长率的最新预测分别是 7.5% 和 7.7%，也就是说，2014 年中国经济总量将历史性地突破 10 万亿美元大关，与美国并称全球仅有的两个超越 10 万亿美元规模级别的经济体（美国于 2001 年达到这一规模）。而近年来，虽然从世界范围看经济发展和金融状况并不利好，但我国在对外投资方面仍然实现了稳步增长，中国商务部 2014年 1 月 16 日发布的数据显示，2013 年中国境内投资者共对全球156 个国家和地区的 5090 家境外企业进行了直接投资，累计实现非金融类直接投资 901.7 亿美元，同比增长 16.8%。其中，中国内地对中国香港、东盟、欧盟、澳大利亚、美国、俄罗斯、日本七个主要经济体的投资达到 654.5 亿美元，占同期中国对外直接投资总额的 72.6%，同比增长 9.1%。从行业构成情况看，九成的投资流向商务服务业、采矿业、批发和零售业、制造业、建筑业和交通运输业。近年投资情况如图 1-2、图 1-3 所示。

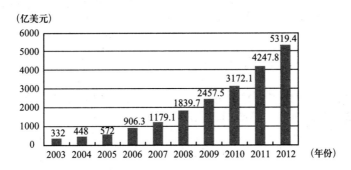

图 1-2 2003~2012 年中国对外直接投资存量情况

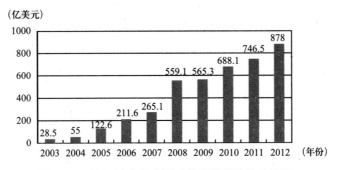

图 1-3 2003~2012 年中国对外直接投资流量情况

资料来源：中国商务部统计发布的年度《中国对外直接投资统计公报》。

但是，成为了世界第二大经济体，并不意味着我们成为了"第二强国"，当我们试图对自己所处的社会环境进行比较分析的时候会发现，对我国的发展阶段进行界定其实是一件非常困难的事情。

罗斯托的经济成长阶段论是分析一个国家经济发展进程的很有影响力的理论，他将一个国家在工业化道路上所需经历的过程划分为六个阶段，各阶段的特征表现为：①传统社会阶段，没有现代科学技术，农业为其主导产业。②起飞创造前提阶段，从传统社会向起飞阶段转变的过渡期，近代科学知识开始在工业生产和农业革命中发挥作用，金融业开始发展，商业随着交通运输业的改进而得到扩张，农业产量的增长在这一时期具有重要意义，决定着此过渡时期持续时间的长短。③起飞阶段，这是最为重要的一个阶段，阻碍经济增长的问题得到解决，增长成为各部门的正常现象，农业劳动力逐渐从农业中解脱出来，进入城市劳动，人均收入大大提高。罗斯托认为，一个区域一旦实现起飞，经济就可以实现"自动持续成长"，因为较大的积累比例和较强的主导部门，会使经济发展所需要的资本、技术不会感到不足，所需要的原料生产与供给、交通运输、劳动力供给等问题也可以得到解决，他认为起飞阶段大致为30年。④向成熟推进阶段，起飞后经济持续发展，已经有效吸收了当时技术中的先进成果，并有能力生产自己想要生产的产品，主导部门是重化工业和制造业体系。⑤高额群众消费阶段，工业高度发达，经济主导部门转向耐用消费品部门，主导部门是耐用消费品工业（如汽车）。⑥追求生活质量阶段，以服务业为代表的提高居民生活质量的有关部门成为主导部门。

那么，如果以经济成长阶段论来看，我们又处在什么阶段呢？对照我国的主导产业部门以及日益增长的对外投资来看，我们显然已经至少处在向成熟推进阶段，而在部分发达地区和城市，甚至已经具有高额群众消费阶段和追求生活质量阶段的特征，但是，反观占我国大部分的农村地区，不得不说我国的大部分地区看起来还处于为起飞创造前提阶段。如果说这种差异性仅仅说明了地域性的资源分布不均，尚不足以揭示我国经济发展的特殊性质，以我国现阶段的社会现象来与其他国家的历史阶段进行对比，看来应当是比较合乎逻辑的方式，但当我们这么做的时候，会惊异地发现，我们看起来既具有"圈地运动"时期英国的社会特征（资本原始积累所带来的阵痛），又与20世纪20年代"经济大发展"时期的美国如此相似（我们在为物质繁荣欢悦的同时，面对着严重的环境污染和日益悬殊的贫富差距），人民币的升值压力和地产业的高歌猛进，又会让人开始将我国与20世纪90年代经济泡沫破灭前的日本进行比较。事实上，中国过去几十年间在经济与社会领域的高速发展可以说是浓缩了正常工业化国家至少200年的历史进程，从"成长阶段论"来看，我们不仅是一种混合体，而从时空视角来看，也很难找到一个可供借鉴的参照体系，我们似乎将一个国家现代化进程中各个历史阶段所展现的"不良反应"都经历了——物价猛涨、房地产泡沫、不良的信贷负担、高汇率、高基尼系数、腐败、污染、资源紧缺以及人们心理上的焦虑与空虚。即使从人们的日常生活中，我们也可以清晰地看到这种混乱：中国的人均收入尚不及美国的1/10，但某些产品的价格往往会让人感叹自己也赶上了发达国家的生活；我们可以将宇航员送上太空，却无法建立完善的垃圾回收制度；世界一流的建筑底下是只能抵御"一年一遇"暴雨的排水系统。

如果走的是正常的发展道路，我们本无须在原始积累阶段受能源稀缺所累，无须在市场机制的建立初期大谈人道主义，无须在效率独尊的时代去关注生态平衡，无须在崇尚个人幸福与自由时为低GDP增长而惋惜不止。但现实是残酷的，我们以震惊世人的急速奔驰，就不得不忍受这种奔驰所带来的剧烈震荡（我们比西方发达国家要承受更多质量与效率间的矛盾），这种震荡绝不仅仅是中国政府要面对的问题，它关乎每个人、每个企业，而这就是中国企业"走出去"的特殊国内环境和历史阶段。

（二）"走出去"的第一代及其特殊使命

中国对外直接投资的发展历程与政策演进大致可以划分为五个阶段：第一阶段 (1979~1983 年) 限制投资。在这个阶段只有国有的投资公司才可以去海外进行直接投资，而且每个投资项目都要经过国务院的授权批准。第二阶段 (1984~1992 年) 逐渐开放。从 1984 年开始，政府逐步取消了一些限制，包括非国有企业在内的更多企业可以进行海外直接投资活动。第三阶段 (1993~1998 年) 谨慎审批。从 1992 年邓小平同志南方谈话之后，政府开始鼓励企业实施外向型战略，海外投资得到了肯定，限制境外投资的政策开始松动，逐渐向鼓励境外投资转变。第四阶段 (1999~2001 年) "走出去"战略的初级阶段。在中国加入世界贸易组织（WTO）的前夕，政府开始鼓励企业从事促进出口的经济活动，尤其是加工贸易项目，为此，国务院相关部门还特别给予了出口税收减免、外汇协助和融资等方面的优惠，并且逐渐简化行政审批程序。第五阶段 (2002 年至今) 巩固"走出去"战略。2002 年"走出去"战略被正式写进党的十六大报告，目的在于鼓励国内企业直接到海外投资，希望能够促进世界级的公司和品牌的产生，国家发改委开始陆续赋予地方政府更多的审批权限，而外汇管理局也开始放松对外汇的控制，希望能够进一步推进和完善对外投资的便利化。

可见，除个别国有企业外，中国拥有海外业务的公司大多是从 20 世纪末才开始走出国门，因而可以称为中国"走出去"的"第一代"企业。"第一代"意味着它们既是中国经济走向世界的"排头兵"，同时又肩负着为后继中国企业铺路搭桥的重任。

作为"排头兵"，意味着它们经常需要摸着石头过河，事实证明，很多企业是在尚未做好充分准备时候匆忙上阵的，突出表现为一些必备要素的欠缺。首先，海外经营经验不足。在对海外投资项目进行可行性分析，并购可能存在的风险预判，法律事务和劳工纠纷问题的处理上，中国企业的经验明显不足，交了不少学费。其次，缺乏技术创新优势。除贸易性企业外，中国的海外投资大多集中在资源开发和一般的初级加工业。此类行业属于劳动密集型行业，技术含量和附加值均较低，国际市场容量有限。最后，缺乏足够的精通海外经营人才。人才的缺乏在很大程度上限制了中国企业在国际市场上的开拓。

克服这些不仅关乎"走出去"企业的自身利益，更关乎国家整体经济战略的实施。正因为是"第一代"的"中国公司"，其经营经验将成为后来者的参考，其获得的声誉如何将直接影响到后来者的"门槛"。第一代"走出去"的中国公司会留下宝贵的经验，前辈的行为会使后来者产生"路径依赖"，后来者会遵循很多习惯做法和经营理念。但随着越来越多的中国公司将参与海外投资，可以预期，"第一代"做得如何？声誉怎样？这份答卷至关重要。不仅因为会影响到中国的国家形象，更重要的是这份答卷还会影响到"后来者"。第一代"走出去"中国公司给当地留下的是第一印象，往往会持续很长时间且不易消除。"印象"和"声誉"在很大程度上来自第一代，但对后来者影响却更大。对后来者产生的此种"代际效应"涉及的就不仅是公司利益，而是更长远的国家利益了，这恰是中国"上市公司"需要充分开展民间外交的重要原因之一。

三、民间外交也是生产力

"科学技术是第一生产力"强调的是科技对生产力发展的推动作用。发生在科技领域的一次创新成果，如果得到了最妥善的应用，将会直接转化为生产效率的提升，这种效率的提升终将汇聚为国家的竞争力。"民间外交"表面上与"生产力"不搭界，但如果考虑到"民间外交"所产生的间接效果，尤其是"民间外交"带来当地民众对于公司和产品乐于接纳的效果，则"民间外交"也是"生产力"。

（一）从企业竞争到国家竞争

如果说"综合国力"偏向绝对值的静态衡量标准，是一个相对中性的概念，"国家竞争力"从字面上看都天然包含着一种对相对地位的关注，这与其来源于"企业竞争力"理论的延伸有关。

1. 何谓竞争力

竞争力最初来自贸易理论，是指企业竞争力，专门用来衡量一些企业或特定产业在市场上竞争的能力。一个企业的竞争力可以等同于企业的长期利润状况，即对股东和利益相关者提供回报的能力，而其衡量标准总是与其竞争对手相关联，因为具备竞争优势的企业往往能够提供比竞争对手更高质量、更低成本的产品和服务。

由于进行国际竞争的企业及企业家具有一定的地域属性，决策过程也受到所在地经济发展阶段和政策的制约，在各种因素的作用下，人们很容易将这种竞争引申到国家。

的确，国家在国际上为了巩固本国企业的竞争地位或维持本国经济的增长，经常会通过设置贸易保护壁垒或者直接对本国企业进行扶持来走到竞争的前线。事实上，即使不经过这一途径，国家间的竞争关系已经是一个古老的话题，如果说古代国家竞争的多是明确的物质财富，如疆域、人口、金银乃至水源、粮食等，今天国家间则往往会在能源、科技、文化以至意识形态和话语权等更广泛的领域展开竞争。而这种竞争带来的究竟是永恒的冲突，还是合作的可能性，已经成为当代国际关系中常论常新的话题。

从国家竞争力这一概念出现伊始，各级政策制定者都陆续投身于竞争力热论之中。在许多国家，对竞争力进行评估并寻找提升竞争力的路径已经成为一项制度化的常规任务。美国政府在20世纪80年代首先开始重视国家竞争力的问题，当时的美国生产率提升速度缓慢、通胀严重、失业率居高不下，在高科技领域也受到了日本的挑战，这种困境带来的危机感促使其在1986年成立了竞争力理事会，致力于国家竞争力的研究与分析。欧洲对竞争力的重视要晚一些，从20世纪90年代中期开始，英国政府发布了一系列竞争力白皮书，之后又开始发布年度竞争力指数排名，欧盟委员会也在同一时期开始使用这一术语，并成立了欧洲竞争力委员会，按年度发表欧洲竞争力报告。中国从20世纪90年代中晚期开始重视竞争力的问题，陆续设置了针对企业竞争力以及国家竞争力问题的研究中心。除了各个国家和地区，一些国际组织和民间机构也纷纷开展对竞争力问题的研究，如经济合作与发展组织的科技政策委员会在1980年就成立了科技与竞争力临时工作小组、日内瓦的世界经济论坛（WEF）、巴塞罗那的竞争力研究所、哈佛大学的战略与竞争力研究所。

2. "国家竞争力"的"非零和性"

国家其实同企业一样会面临"破产"，虽然不会如企业一样就此"销号"，却有可能因为缺乏竞争力而陷入长期的竞争劣势之中。面对经济停滞、高失业率、福利水平下降、产业结构受损等各种问题，最终导致生产力水平和人民生活水平的相对甚至绝对下降。因此，对竞争力的研究是十分必要的。

但同时应当看到，国家与企业是不同的，国家的竞争力显然不是一个零和博弈。一国竞争力的提高未必以另一国的牺牲为代价，相反，不同国家的生产率和效率的提高有时会与其他国家达成共赢，起到相互支撑的作用，所以不能套用企业指标以有利的国际收支状况来对国家竞争力进行衡量。随着时间的推移，越来越多的学者倾向于将国家竞争力定义为一个国家或地区创造社会福利的能力，是一个经济体长期综合实力的体现，其最终判断标准为人民生活水平的提升。

从不同视角研究国家竞争力所得出的结论相互补充而非相互排斥，无论是个人层面还是集体的层面，关心自身与他人相比做得如何是一个永恒的问题。所以，竞争力概念最大的意义就在于抓住了当代世界经济的一个重要特征，它为人们理解全球财富分配提供了一个重要的启示。同时，全球化进程和其他具有很强竞争力国家的出现，已经显著提高了绩效门槛，那些还没有为达到这些新标准做足准备的区域、产业、企业和个人将会面临空前的挑战与压力。国家竞争力的研究——尤其是针对"如何提升国家竞争力"的探寻显然具有非凡的价值。

（二）如何衡量一个国家的竞争力

针对国家竞争力的衡量问题，以下列举了三种较有影响力的衡量方法，而对于不同发展时期的国家来说，每个因素的价值量是不断变化的，只有综合考虑"时"、"空"两个维度的影响，才能对一个国家竞争力做出尽可能准确的判断。

1. 衡量竞争力的方法

对一个国家竞争力进行评价的方法有一个演变过程，早期学者们往往倾向于以竞争结果"论英雄"，最常见的方法就是使用表明进出口份额的指标来对国家竞争力进行评价，而今天的主流评价模型更关注影响竞争的内在要素。在指标选择上，也从单一评价指标向综合指标体系进行转变，前者往往选择具有一定代表性的，比如生产率、单位成本、专利数等来标明竞争力，虽然具有一定的合理性，但存在着计算困难以及可比性不足等问题，后者则克服了单一因素的片面性，综合考量了影响竞争力的各方面因素，成为了各权威机构选择的评价方法。

（1）波特的钻石模型。波特认为，一个国家的竞争力应当是其企业、产业等竞争力的综合，是一个复杂的系统，这个系统的整体状态决定了其国家竞争力的强弱。他将国家的竞争优势归结为国家创造收益的能力，并进一步将国家创造收益的能力分解为产业创造收益的能力，通过产业的竞争优势来说明国家的竞争优势。在利用4年时间对8个发达国家和2个新兴工业化国家进行考察后，波特创立了测度国家竞争力的钻石模型，通过生产要素、市场需求、相关产业支持、企业战略与结构四个方面的主要因素以及政府政策和机会这两个辅助因素，综合反映国家竞争力，并根据产业阶段演化将一国产业参与国际竞争的过程划分为四个阶段：要素驱动、投资驱动、创新驱动和财富驱动阶段。

（2）瑞士洛桑国际管理学院（IMD）国家竞争力评价法。IMD于1985年开始对主要工业化国家竞争力进行评价，将评价结果定名为《世界竞争力年鉴》出版，将国家竞争力定义为国家创造一个使企业有竞争力环境的能力。企业要面对的竞争环境，包含经济、文化、政治及教育等多方面，国家之间竞争是在给予企业最有效率的结构、制度和政策环境方面的竞争，所以国家竞争力评价不能仅仅以GDP和生产率为依据，而应从国家创造使企业有竞争力环境的能力的角度来评价国家竞争力。IMD认为，一个国家的竞争环境是由四对力量塑造的，分别是本地化与全球化、吸引力与渗透力、资源与工艺过程、个人冒险精神与社会协调发展，又将以上四对力量分解为八个因素，即国内经济、国际化程度、政府政策和运行、金融环境、基础设施、企业管理、科学技术和国民素质等。再将八要素中各个要素细分成若干子要素，根据各子要素的内容设计评价指标来定量评定，对依托公开数据和调查问卷的不同指标设计不同的权重，用综合加权平均法计算、评价并排序。

（3）世界经济论坛国家竞争力排名。WEF从1980年起开始进行工业化国家竞争力排名。1985年与IMD合作出版《世界竞争力年鉴》，从 1996 年开始出版自己的竞争力报告——《全球竞争力报告》。进行竞争力评价所依据的理论包括新古典经济增长理论、技术内生化经济增长论、波特的竞争力理论等多方面，其对国家竞争力的界定是变化的，对国家竞争力来源解释和评价指标的选择在不同时期是也有所变化的。但总体来看，WEF 认为，国际贸易和国际金融的开放因素，政府预算、税收和管理因素，金融市场发展因素，运输、通信、能源和服务性基础设施因素，科学技术因素，企业组织、企业家、企业创新和风险经营的管理因素，劳动力市场及流动性因素，法规和政治体制因素八个因素是影响国家竞争力的主要因素，并按这八要素及其下设指标来进行排序。用来评价的数据包括两个部分，分别是来自有关机构的统计数据和向参评国家发放问卷获得的调查数据。八个要素中包含的统计数据与调查数据的比重各不同。在整个评价体系中，这八个要素被赋予不同的权重。

2. 国家竞争力的核心因素

尽管以上对于国家竞争力的衡量模型影响深远，尤其是后两种，很多政府和民众都对自己国家在这些报告中的排名十分看重。但任何一种衡量模型都不能达到完美无缺，何况针对国家竞争力的考察还会面对可验证性的问题。

在国家竞争力评价的初期，一些诸如国际贸易状况等即时作用明显的因素处于评价体系中更为核心的位置，受到普遍重视。但随着对国家竞争力评价和研究的逐渐深入，人们开始注意到——一些对国家竞争力提升的即时效果不明显的因素，却往往体现着增强一国竞争力的原动力，从长远来看，这些因素对国家竞争力的提升具有更深远的作用，比如创新能力和高素质人力资源，等等。只有真正具备创新能力的国家才能在竞争中取得优势，因为这种能力的建设是一个长期而复杂的过程，需要这个国家各阶层在文化教育、法制建设、科技投入等方方面面的共同努力，所以是其他国家无法在短时间内轻易获得的一种因素。而与不断消耗且难以再生的自然资源相比，人口是可以不断再生产的，高素质的人力资源对国家竞争力提升的作用是呈几何数的，对于资源禀赋一般的国家来说更是如此。

此外，值得注意的是，在一个国家的不同发展阶段，影响其国家竞争力的决定因素也是一直处于动态变化之中的。比如，在经济发展的早期阶段，自然资源和人口增长具有特别重要的意义；而到了发展中期，收入更受到物质投资的左右；到了高收入阶段，创新、知识利用与传播、高端人才以及无形基础设施就成了更能决定竞争力的因素。此外，价格竞争力对于欠发达国家或低收入国家而言具有重要意义，但对发达国家来讲，降低成本、打价格战并不是竞争的首选渠道，提供高质量、高附加值的产品及服务才是更有价值的选择。

（三）民间外交如何影响国家竞争力

民间外交作为国家整体外交活动的一部分，与官方外交相辅相成，一同发挥着维护国家利益的重要职能。它主要是从以下几个方面来提升一个国家的影响力：一是对和平稳定、有利于自身发展的国际环境的塑造；二是对国民经济发展的直接参与；三是对国民精神的触发作用；四是对影响企业和国家竞争力的关键要素的激励作用。

1. 塑造更有利的国际环境

与官方外交一样，民间外交最重要的目标就是塑造一个有利于本国发展的国际及周边环境，从而为国家利益的实现提供保障。中国自开展民间外交活动以来，始终致力于增进国家间的了解和沟通，秉承着超越官方和政府层面来建立民众亲近桥梁的理念，在传递善意和缓和国际矛盾方面做出了卓越的贡献，为国家发展营造更为友好的国际环境。

民间外交的开展方式灵活多样。外交史上"小球转动大球"的乒乓外交，塑造了当今世界最重要的双边关系之一——中美关系。在中日关系正常化过程中，民间外交从一开始就走在官方外交的前面，先从经贸往来和文化交流做起，为中日两国关系清扫障碍，充分运用两国人民传统友谊，经过不断地渐进积累和沉淀酝酿，最终起到了"以民促官"的作用，成为双方建交的重要推动力。在之后的几十年间，无论是相对和谐时期，还是在两国关系出现恶化时期，民间外交也一直发挥着加深人民间相互理解、促进国家间合作、寻求共同利益，以及增信释疑的作用。

除了整体环境的改善，在一些具体事务中，民间外交的价值也会得到体现。稳定的国际大环境是各国经济发展的坚实后盾，使多边和双边的国际合作更易达成，将直接对国家产业发展、科技进步、人力资源优化等起到促进作用。合理的国际竞争秩序，从长远来看是有利于所有国家国民生活水平提升的，而相对安定的周边环境将为本国企业的外向发展提供信心。

2. 推动国民经济的发展

2013 年，中国实际利用外资金额 1176 亿美元，同比增长了 5.3%，而全球的投资平均增长远远低于 5.3%。另外，通过对外国在中国投资企业的有关商会和组织成员进行的调查显示，85% 以上的企业是盈利的，90% 以上的企业愿意继续在中国扩大投资。另外，数据显示，截至 2013 年底，中国境外直接投资累计超过 6300 亿美元，仅 2013 年一年，中国境外投资规模就突破 1000 亿美元，在全球经济缓慢复苏的背景下，实现了 21% 的快速增长。其中，跨境投资并购迅速发展，2013 年中国跨境并购交易额达 514 亿美元，较 2012 年上涨近 50%，从产业分布来看，中国海外并购也正在由能源、矿产行业，逐步向高新技术、高端制造业进行转移。

这样可喜的成绩背后，除了国家政策层面的大布局和制度法律方面的推进、经济层面生产与需求因素的自然拉动，以及企业自身的逐利本能以外，无论是"引进来"还是"走出去"，其战略的具体实施无时无刻不需要外交的护航与配合。早期"引进来"战略占主导地位，中国通过各种外交渠道（官方及民间的），陆续引进了几百个大型工业和科技项目，几千套生产线和重要技术装备，其中包括像宝钢、武钢一米七轧机，天津"大无缝"，扬子石化这样的巨型项目，使中国基础工业、加工工业、高科技产业和国防工业的总体技术水平和生产能力发生质的飞跃，彻底改变了中国经济的面貌。而以中国的社会机构和一些企业为代表，它们在能源利用、技术开放方面与国际上的领域引导者进行深度的国际合作，成为国际先进经验、技术的引入者与实践者的双向"引入"的典范，对中国的创新能力建设起到了直接的拉动作用，无疑有利于中国国家竞争力的提升。此外，中国企业的发展具有一定的集聚性，优势产业和优势区位表现明显，在海外也一样，从波特的钻石模型理论来看，产业间的支持度是非常重要的决定国家竞争优势的因素，而国家的外交政策在很大程度上可以起到协调产业海外布局的作用。

3. 触发"精神生产力"

除了直接的物质生产力推动，民间外交为中华民族创造"精神生产力"的作用不可低估。"精神生产力"是指人类认识和反映客观世界，并在此基础上创造精神产品的力量和催生精神文明的能力。通俗地理解，良好的民族凝聚力、社会凝聚力，积极向上的社会风气和道德底蕴，以及公民的职业操守和创新意识都可以归入精神生产力的范畴，在一定条件下可以转化为物质生产力。中国民间外交所体现的爱国主义精神成为激励中国人民建设和维护祖国利益的巨大精神力量，强化了我们的民族凝聚力和奋斗精神，而民间外交所体现的国际主义精神则构成了中华民族为全人类共同利益和世界和平事业做出贡献的精神动力。其开放性、合作性、人道性、正义性、灵活性和包容性的特征，对内有助于和谐社会的构建，对外亦有助于和谐世界的构建。

将这些爱国奉献、友爱和谐的精神加诸企业，就会成为孕育企业文化的良好基石。对企业来说，企业文化绝不单纯是一种积极进取的作风或以人为本的环境，而是企业精神与管理实践的两相结合。民间外交行为的展开意味着企业自身视野和定位的高标准，意味着企业愿意超越自身，以负责任、有担当的形象来积极参与国际竞争。

4. 民间外交提升企业竞争力的三个层面

企业的竞争力大致可以分为三个层面：首先是产品层，包括企业产品生产及质量控制能力、企业的服务、成本控制、营销和研发能力；其次是制度层，也就是对企业参与竞争的平台支持，包括各经营管理要素组成的组织结构、内外部环境、资源关系、企业运行机制、企业规模、品牌、企业产权制度等；最后是核心层（核心竞争力的来源），包括以企业理念、企业价值观为核心的企业文化，内外一致的企业形象、创新能力、个性化的企业特色，等等。

在产品层面，企业可以通过国际交流和合作研发，广告公关活动的开展，以及全球化或本土化战略的选择来使企业竞争力得到迅速提升；在制度层面，民间外交活动的效用主要体现在对学习借鉴跨国经营的助力，对品牌形象的塑造，以及对母国和东道国的制度进行潜移默化的影响来实现；在企业核心竞争力的打造方面，民间外交既是一种表现，又是一种途径，对于某些大型跨国公司来说，其跨国经营所依赖的资源同样是其进行外交活动的资本，而其他公司是很难在短时间内收获这些资源的，能够在不同国家间进行"穿针引线"的周旋和进行资源配置是其超强实力的表现；而通过对民间外交活动的介入，企业将得以构建自身独特的企业文化，呈现多元、开放、昂扬向上的形象。

从国家竞争力层面而言，民间外交能力可谓一个"软性指标"。通过企业、社会团体乃至个人的民间外交活动，国家竞争力中的诸多"硬性"指标会因此而得到加强。对照 IMD 和 WEF 的国家竞争力评价模型可以看到，作为执行手段，民间外交在各因素中几乎都能发挥作用，如在国际贸易和金融的开放议程上，通过配合官方外交的各种谈判、斡旋活动，促使国家与地区间就贸易与金融开放问题进行协商与订约；在科技和创新领域，民间外交通过其特有的合作渠道，可以促使更多的企业在竞争力上得到加强，事实上，民间外交主体中的公司和企业本身已经将国家竞争力和自身竞争力统一起来了。所以，同"科学技术"一样，民间外交也是一种"生产力"，一个国家开展民间外交的能力也是其在世界范围内进行竞争所依赖的条件之一。

四、上下交征利，则国危矣

孟子见梁惠王。王曰："叟不远千里而来，亦将有以利吾国乎？"

孟子对曰："王何必曰利？亦有仁义而已矣。王曰'何以利吾国'？大夫曰'何以利吾家'？士庶人曰'何以利吾身'？上下交征利而国危矣。万乘之国弑其君者，必千乘之家；千乘之国弑其君者，必百乘之家。万取千焉，千取百焉，不为不多矣。苟为后义而先利，不夺不餍。未有仁而遗其亲者也，未有义而后其君者也。王亦曰仁义而已矣，何必曰利？"

——《孟子·梁惠王》

　　民间外交对于提升我国国家竞争力大有裨益，而中国特殊的国情与经济发展阶段给我们的企业提出了特殊的使命。我们认为，中国的上市公司"应当"也"能够"在民间外交领域进行尝试。这里其实存在着一个义与利关系的梳理问题。

　　秦穆公使孟盟举兵袭郑，过周以东，郑之贾人弦高、蹇他相与谋曰："师行数千里，数绝诸侯之地，其势必袭郑。凡袭国者，以为无倍也。今示以知其情，必不敢进。"乃矫郑伯之命，以十二牛劳之。三率相与谋曰："凡袭人者，以为弗知，今已知之矣，守备必固，进必无功。"乃还师而反。

——《淮南子·人间训》

　　义与利应当如何定位？它们的本质和社会功能是什么？两者之间孰重孰轻，相互之间又有何影响？自中国早期社会形成以来，这一直是一个重要的学理问题，更深深扎根于每个中国人的心间，成为国人在任何时候进行价值取舍都不可回避的一个权衡视角。其中的"利"，相对而言争议不大，是指一种物质利益，尤指个人对富贵与名望的追求。而何谓"义"，无论是各时期的理论家还是普通百姓，都有着不同的认识，更准确地说，"义"的内涵远比"利"要丰富得多，对其中不同要点的强调往往也可以代表人们各自"义利观"的倾向。

　　关于义和利的概念，《诗经》中赞美周文王"宣昭义问"，按照唐代孔颖达在《毛诗正义》中的解释，"义，善"，是讲文王"布明其善声，闻于天下"。《尚书》中也有这样的记载："王曰：汝陈时臬事，罚蔽殷彝，用其义刑义杀，毋庸以次汝封。"朱熹对这里义的解释是："义，宜也。"可以看到，前者的"义"主要是从道德层面来讲，而后者则是从合乎道理、合乎义理上讲的。

（一）古今"义利之辨"

在中国古代历史上出现了两次义利之辨的高潮，分别是春秋战国时期和宋明时期，这两次辩论都是由于当时社会上对利的关注非常突出而引发的，也促使人们不断深入地去揭示义与利的本质和社会功能。

先秦时期的义利之辨所探讨的范围相当广泛。在义和利的内涵上，有时实际讨论的是道义与功利，即道德价值和物欲价值的关系，有时则是公利与私利的关系；而关于两者的地位，有主张重义轻利、以义制利，有主张义利皆贵、义统一于利的，还有主张义利双弃的。这一时期各学派的义利观思想为后世奠定了基石，事实上，在中国后来千百年的历史中，关于义与利的讨论其实都没有超出这一框架。百家争鸣之后，儒家的重义轻利成为中国社会的正统思想，其义利观成为深入到每个中国人思维中的行事理念，墨家以"兼爱"为中心，主张既"贵义"又"尚利"的义利思想成为绝响，而道家的两者皆轻的义利观时断时续，似有还无，法家的义利观因其事实上将"义"转化为"法"的理念而名亡实存。

宋朝商业发达，许多达官贵人、士人、军人、市民纷纷参与经商，在浓郁的商业气息影响下，有一些学者开始对传统的"重义轻利"观念和"厚本抑末"政策表示异议，要求统治者重视"功利"，其中以陈亮为代表；同时，又有一些学者针对当时社会上盛行的"重利轻义"和急功近利的倾向提出批评，指出其危害性，朱熹是其中最重要的代表。应该说，他们都是希望构建出符合当时需要的伦理道德原则。

> 义中自有利，使人而皆义，则不遗其亲，不后其君，自无不利，非和而何。
>
> ——朱熹

除了这两个时期，在明末清初、晚清都曾有过广泛的关于义利问题的探讨，每次围绕这一问题进行的激烈争论都是出于社会变革、社会矛盾尖锐化以及社会结构发生变化的状况。综合来看，中国传统义利观以儒家一脉相承的"义以为质"的重义轻利观念为主，可以被称为"唯义论"；而与之对立产生交锋的则是以先秦墨家、王安石、陈亮等为代表的"义利并重"论，这一类理论在重视义的前提下，又特别强调利。

今天世界总体环境是历史上任何时期都没有出现过甚至是无法想象的，走向世界的中国尤其需要批判继承传统文化中的义利思想，确立一种与现阶段发展要求相适应的新型义利观。

首先，义与利的内涵是随着历史演化而不断变化着的，其实早在宋朝，王安石就提出了类似的思想——"古之人以是为礼，而吾今必由之，是未必合于古之礼也；古之人以是为义，而吾今必由之，是未必合于古之义也。夫天下之事其为变，岂一乎哉？固有迹同而实异者也。"王安石认为，古代所适用的"礼"在当下未必同样适用，古代适用的"义"在当下也未必适用。而从王安石眼中的"古代"到今天，又是近千年过去了，如果说现代的西方基督文化仍会讲求对上帝意志的遵循，从传统儒家到今天居于指导地位的马克思主义思想理论，中国人所关注的一直是"此岸的天堂"和"入世之人"，而我国的政治制度和社会性质已经决定了——我们今天所言的"义"，除了一些普遍的道德要求，已经不再具有天命、君命色彩，而是更多地成为公共利益或国家利益的代名词。国家利益从根本上说是所有国民利益的集合，但又不是简单叠加。从个人到一个企业，再到一个产业，乃至社会和国家层面，不是一个简单的加权平均过程，利益的转化有很多相关理论，每一层面甚至每一对元素之间的关系都值得深入探讨，而"义"成为了融合这所有元素的隐形纽带。

义与利事实上也并非是相互排斥的关系，对于一家公司来说，能够做到诚信经营、遵纪守法，就是对"小义"的呈现；能够将社会责任、国家利益挂在心上，并为之做出努力，就是对"大义"的追求。从小的方面来看，同业互助、谦和礼让是当年晋商们的优良品质，他们既保持着平等的竞争关系，又会相互帮助。天亨玉商号在资金短缺、经营困难时，著名的大盛魁商号不但未拆其台，反而仗义相助，借予白银三四万两，助其渡过难关，大盛魁商号的这一做法使其名声大振，在商界威望更高。后来，大盛魁商号发生危机时，天亨永（天亨玉改名）商号不忘旧事，在经济上、业务上大力支持大盛魁，帮助它渡过难关。这种重义的道德氛围使晋商形成了一种良好的竞争机制，扩大了群体优势，无疑是义与利结合下所达到的完美共赢。推而广之，在更重大的"外交"领域，一个企业对国家大义的担负同样如此，通过一系列的"义举"，企业过去与当前的行为会影响当前的企业声誉，从而影响企业后期的绩效，而声誉的提升带来的是企业形象的提升，除了对国家形象的连带效应，还会直接有利于吸引消费者，以及吸引更多的潜在应聘者——有助于形成人才竞争优势，同样是提升企业绩效的一个途径。

（二）义利并举才能"中和民意"

近年来，西方国家经常利用所谓的民调来抹黑中国，这些带有偏见和误导性的民调，经过媒体渲染放大后，往往会起到妖魔化中国的效果。在西方的民意攻势面前，中国吃过不少亏，出现了多起严重影响中国上市公司海外经营的案例，而我们很多时候是"哑巴吃黄连，有苦说不出"。

不得不指出的是，少数"走出去"的企业在处置"义"与"利"关系上出现了偏差。个别企业照搬国内做法，或习惯走"上层路线"，出现了不遵守当地的法律法规，忽视劳工权益、环保要求或钻法律

空子等不负责任行为，不注重与当地民众的互动，在处理资源开发
与环境保护、经济效益与社会效益、企业形象与国家形象等多组关
系方面欠缺经验、处置失当，授人以"口实"，给整体的中国企业
和中国形象抹了黑，致使所谓的"贸易威胁论"、"资源能源威胁论"、
"生态环境威胁论"、"人民币汇率操纵论"、"中国资本威胁论"
等层出不穷。问题的严重性在于，个别企业带来的负面效果会给所
有"走出去"企业的经营环境带来不利影响，甚至会影响到今后"走
出去"的"第二代"、"第三代"中国企业。改变这一局面的唯一出
路是从现在开始做起，重视和开展企业民间外交，中国的上市公司
尤其要担负起这一重任。

　　"唯利是图商人"的印象显然不利于中国企业获得持久的经济
利益和良好的国家形象。近年来，中国与非洲、拉美等发展中国家
在交往过程中，过于重视商业利益的做法已经在当地受到许多批评，
这些批评并不都是来自西方国家别有用心的煽动。在和平与发展的
新使命和新条件下，中国上市公司有必要承担起民间外交的任务，
顺应和平、发展、合作、共赢的时代潮流，"义利并举"、"道义为先"，
履行更多社会责任，积极回馈当地社会。在谋求自我发展的同时，
注重帮助有关国家增强自身发展的"造血机能"，在一些合作项目
上争取做到"扶上马、送一程"，让合作成果更多惠及各国人民，
尤其是基层百姓。

　　"走出去"的企业应当是在海外塑造和传播中国国家形象的主
力军。海外企业的活动会渗透到东道国普通百姓的生活之中，无论
是产品的生产营销、雇用本地员工，还是企业自身文化，都会深入
影响当地民众对中国的认知。日本前首相中曾根康弘就曾经将索尼
等日本企业比作自己在国际交往中的面孔，正是因为这些日本企业
服务可靠、售后服务好，对当地的服务比较积极，从而塑造了日本
人的形象。因此，提升企业的国家意识及其国家使命责任感，弘扬
义利并重的新型义利观，并通过增加与所在国民众积极交往，实现

正向的观念认同,对于中国企业形象的重塑和国家形象的塑造和传播十分重要。

中国古代强调"文治教化"——"为天下及国,莫若以德,莫若行义",推崇"德回乎天地,澹乎四海,东西南北"(《吕氏春秋·上德》)。党的十八大以来,党中央秉承中华优秀文化和新中国外交传统,顺应和平、发展、合作、共赢的时代潮流,提出在外交工作中要坚持正确义利观。利,就是要恪守互利共赢原则,不搞我赢你输,要实现双赢。我们有义务对贫穷国家给予力所能及的帮助,有时甚至要重义轻利、舍利取义,绝不能唯利是图、斤斤计较。中国自古即有重视民意的传统,《庄子·说剑》中说"中和民意以安四乡",在今天网络信息发达的全球化时代不仅没有过时,反而具有凸显的现代价值。打好"民意牌",不仅是中国外交,也是所有"走出去"的中国企业的必然选择。

迈克尔·波特和马克·克雷默在《企业慈善事业的竞争优势》中指出,在企业的支出能同时产生社会效益和经济效益的情况下,企业的慈善活动和股东的利益就可以交织在一起,此时,企业的慈善活动具有战略性(所谓的"战略性慈善"),能改善企业的竞争环境,从而提升企业的竞争能力。他们认为,战略性企业慈善活动是重在改善竞争环境的慈善活动,而改善竞争环境和真心造福社会并没有必然的冲突,采用这种方式可以使企业、社会、慈善机构及其相关企业都能获益。

他们将竞争环境划分四个因素,又从企业通过慈善事业对这四个要素可以施加的影响来进行考察:

1.在生产要素条件方面,高生产效率取决于受过良好培训的工人、高水平的科研机构、足够的基础设施、透明高效的管理方式以及充足的自然资源,而慈善资助可以改善教育和培训水平,改善人们的生活品质,从而使全体民众受益,还可以通过提高如当地研发机构的水平、管理机构的效率、基础设施的质量或者自然资源的可持续发展等来改

善生产要素。

2.在需求条件上，一个国家或地区的需求条件包括当地市场的规模、产品标准的合适度和当地客户的成熟度，战略与竞争环境、支撑产业与相关产业，慈善事业能够影响当地市场的规模与质量，比如苹果公司一直致力于向学校资助计算机，对于学校来说无疑提高了社会效益，而苹果公司的潜在市场也得到了扩大，学生与教师关于计算机置备的知识也得到了增加（提升当地客户成熟度）。

3.战略与竞争环境，慈善事业对创建一个更有效和透明的竞争环境具有极大的推动作用，比如多家企业联合支持"透明国际"组织在世界范围内从事揭露和阻止腐败的工作，通过将公众视线引入腐败这一现象，推动创造了一个能够奖励公平竞争与提高生产效率的环境，既造福了当地民众，又提升了这些企业进入市场的能力。

4.支撑产业与相关产业，慈善事业可以促进产业簇群的发展，并提高支撑产业的实力，比如美国运通公司的信用卡业务及其旅行社收入对旅游产业依赖性很强，自1986年以来，运通公司一直资助中学的"旅行与旅游学院"，其自主目的并非为自己的信用卡和旅行社业务训练学生，而是为了其他旅行社、航空公司、宾馆酒店等事业的发展。这一项目使超过10个国家的数十万名学生受益，提高了当地教育水平，增加了当地就业岗位，可说是社会效益巨大，而因为当地旅游产业簇群的竞争力得到加强，也为运通公司创造了不菲的收益。

由此，他们提出新的慈善活动流程的五个步骤——研究企业每个地域的竞争环境；审查现有慈善计划看其是否符合新制度；对现有和潜在企业资助计划按照4种价值创造形式进行评估；在产业簇群内部及与其他合作伙伴间寻求集体合作机会；严格追踪和评估结果。并对战略性企业慈善过程中可能出现的"搭便车"现象提出了解决措施，在如何实施此慈善活动时提出四个原则（选择最好的接受资助者，向其他资助者发出信号，改善接受资助者的表现，改进知识与实践能力）。

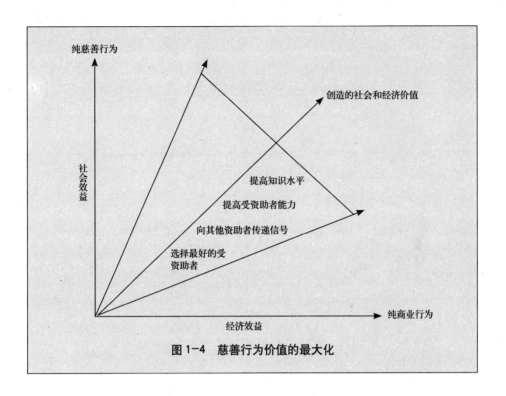

图 1-4 慈善行为价值的最大化

"如果以一种将所创造利益最大化的方式系统地从事改善竞争环境的慈善事业,那么这一慈善事业便可为企业提供一套全新的竞争工具,从而使资源投资物有所值。同时,这样也可以为改善整个世界提供一种更为强大的方法。"

——迈克·尔波特

第二章　中国上市公司民间外交指标体系

"中国上市公司的海外民间外交指数"，是对《财富》杂志发布的"2013 年中国 500 强排行榜"中企业的海外民间外交开展情况和责任信息披露水平进行评价所得出的综合指数。其研究路径：首先，以系统性、简明性、可操作性和典型性原则构建出一个促进共同发展、增进人民友谊、提升国家形象、维护国家利益"四位一体"的指标框架；其次，从企业官方网站、企业年报、社会责任报告和可持续发展报告中搜集 500 强企业 2013 年 1 月 1 日至 12 月 31 日的信息数据；再次，对企业的海外民间外交开展情况进行综合分析以评判达标状况；最后，得到各公司海外民间外交状况的最终得分，以及海外业务发展势头强劲、民间外交开展情况较好的 50 强榜单。

一、民间外交指标体系的构建原则

民间外交活动的动因通常难以用科学的方式进行衡量，而表现为很多的价值取向，如"维持世界和平与稳定"、"促进国家间的交流与合作"、"减少冲突与摩擦"、"维护国家利益"等，但通过对行为体所开展的活动与这些外交目标间的正负相关关系进行梳理，并建立评价模型，这些价值取向在某种程度上是可以进行量化的。也就是说，对"民间外交"运用某种指标体系来进行评价是"可能的"。

一个评价指标体系应当是具有内在结构的有机整体，由体现评价对象各方面特性及其相互联系的多个指标所构成，为了使指标体系科学化、规范化，在构建指标体系时，我们遵循以下原则：

1. 系统性原则

各指标间要有一定的逻辑关系，不但要能从不同的侧面反映出公司本身作为外交行为体的实力，对民间外交活动的投入和重视程度，以及可以预见的影响力，还要反映民间外交各要素之间的内在联系。民间外交指标体系的构建具有层次性，自上而下，从宏观到微观层面形成了一个不可分割的评价体系，每一子系统由一组指标构成，各指标之间相互独立，又彼此联系，共同构成一个有机统一体。

2. 简明性原则

我们建立的三个级别的指标体系力求全面反映中国上市公司在民间外交领域的概况，在数量上应保持适度，不宜过繁过细，以致重叠现象严重，也不宜过简过少，以致信息遗漏、难以评测真实情况。在计算方式上，我们尽可能采取简明易懂的形式。

3. 可操作性原则

显然，选取的各指标应当具有较强的现实可操作性和可比性，考虑到民间外交的人文价值取向以及资料的获取途径，我们更多地采取定性指标，即通过收集到的信息来对公司在某一指标项是否达标进行综合判定，但也采用了若干能够进行定量赋值的指标，将这两类指标结合起来，力求简单明确，便于比较。

4.典型性原则

尽可能选取能够准确反映出公司主观意志的指标，公司的某些特征会同时对民间外交的几个领域起作用，我们会将之纳入影响最直接的一个领域，在同类型的指标群中，我们将选取最有代表性的若干指标。在评价指标体系的设置和权重分配方面，原则是尽可能减少公司难以控制的客观因素的权重，而加大上市公司通过提示与引导能够主动强化进而使得民间外交影响力得到明显提升的这一部分指标的权重。

通过对民间外交理论与公司实践活动进行综合比对，我们建立了一个包含共同发展、人民友谊、国家形象和国家利益四个方面的衡量模型（见图2-1），这四个方面分别强调公司对东道国、跨国联络、母国及其自身所负担的责任。

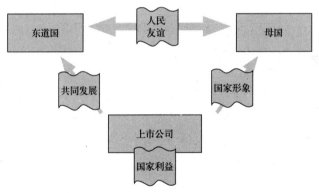

图2-1　上市公司民间外交衡量模型

二、指标体系

中国上市公司的海外民间外交指数体系的理论基础是民间外交的载体、作用、目的等相关理论。企业在"走出去"的过程中，不仅需要追求利润目标，而且应该成为民间外交的载体，主动承担起桥梁作用，增加与当地民众的沟通和交流，从而促进相互理解，实现共赢。基于上述理论，指标体系中一级指标的设置旨在实现促进共同发展、增进人民友谊、提升国家形象和维护国家利益四个核心目标。

（一）促进共同发展（权重20%）

随着中国企业对外投资不断增多，有关投资目的的非议不绝于耳。美国前国务卿希拉里曾暗指中国的投资者在非洲只是掠取资源，类似"新殖民主义"（"掠夺资源论"、"占领市场论"和"传播中国模式论"等）的指责构成了中国企业"走出去"的"软风险"，极大恶化了中国企业走出去的舆论环境。因此，促进共同发展，如何实现上市公司与东道国的共赢成为公司在海外开展民间外交的首要考量因素。

1.指标设置

促进共同发展包括四个二级指标，分别是带动经济增长（权重30%）、改善就业状况（权重30%）、提高技术水平（权重30%）和基础设施建设（权重10%）。在带动经济增长下设对外直接投资和本土化采购两个三级指标；改善就业状况下设海外员工和海外员工职业培训两个三级指标；提高技术水平下设高新技术和设备引入、国际技术交流与合作这两个三级指标；基础设施建设下设基建项目、项目质量与使用情况后续披露两个三级指标，具体如图2-2所示。这些衡量指标囊括了经济、社会、技术、基建等多个方面，与当地的发展密切相关，更与普通民众的生活紧密相连。因此，如果公司的行为能够助力东道国的发展，将会为其海外业务的开展提供极大便利，也是对"新殖民主义"论调最有力的反驳。

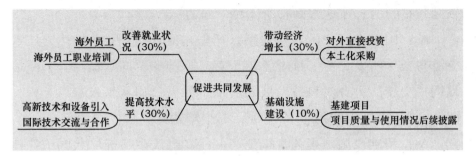

图 2-2　促进共同发展一级指标

2.达标标准

A_1：对外直接投资是一国投资者为取得国外企业经营管理上的有效控制权而输出资本、设备、技术和管理技能等无形资产的经济行为。如果公司在海外拥有自己的营销机构、生产基地、研发中心或者并购、新设公司，在本项指标上即达标。

A_2：本土化采购是指公司立足于东道国，在其全部或部分采购环节上优先考虑东道国的供给市场，无疑有利于刺激东道国某些产业的发展。在公司发布的报告中提及或是官网公布的信息在这方面有所体现，即达标。

A_3：海外员工是指公司对海外员工的雇用，这是对就业率的直接提升。在公司发布的报告中提及或是官网公布的信息在这方面有所体现，即达标。

A_4：对海外员工的职业培训不仅对公司自身的经营十分必要，对于东道国的人才素质提升也十分有价值，尤其当雇用的员工数量巨大，或是在对员工的技能培训有利于东道国产业结构优化的情况下。在公司发布的报告中提及或是官网公布的信息在这方面有所体现，即达标。

A_5：无论是通过合作协议还是捐赠、赞助等方式，将高新技术和设备引入东道国，对于东道国的技术发展和相关产业升级都会有所促进（尤其是对于欠发达国家）。在公司发布的报告中提及或是官网公布的信息在这方面有所体现，即达标。

A_6：国际技术交流与合作指公司与其他公司、科研机构的技术交流与合作研发，这一项并不限于对东道国的单向"输出"，而是强调"交流"本身对科技发展的贡献。如果公司从事或参与了相关活动（在考察时限内），在本项指标上即达标。

A_7：基础设施是指为直接生产部门和人民生活提供共同条件和公共服务的设施，主要包括交通设施、通信、水利、供电及排水供气设施，是一个国家经济发展最基础的动力源。如果公司的业务活动能为东道国的基础设施建设添砖加瓦，或者是出于公益目的对东道国的基础设施建设进行了支持与援助，在本项指标上即达标。

A_8：项目质量与使用情况的后续披露是指公司在项目完结之后能够对项目的验收评测、对当地经济和社会效益的贡献情况进行一定的跟进、关注。在公司发布的报告中提及或是官网公布的信息在这方面有所体现，即达标。

（二）增进人民友谊（权重25%）

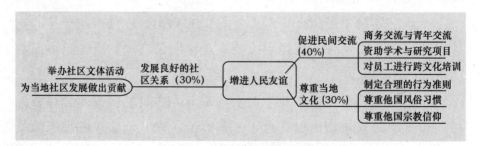

图2-3　增进人民友谊一级指标

"国之交在于民相亲"，传统的民间外交活动一直由政府主导，但是政府在开展民间外交的过程中，有时会因为受众有限、宣传味道过浓，缺乏可信度和亲和力，不能取得很好的效果。而与此形成鲜明对比的，是作为民间外交生力军的企业，在了解当地风土人情、开展文化交流、举办社区活动时可以发挥作用。企业可以在这些与普通民众息息相关的接触和互动中增进两国民众相互之间的了解和信任。

1. 指标设置

在二级指标的设置上，促进民间交流（权重40%）、发展良好的社区关系（权重30%）、尊重当地文化（权重30%）都是增进人民友谊这个核心目标中不可或缺的因素。促进民间交流包括商务交流与青年交流、资助学术与研究项目，以及对员工进行跨文化培训；发展良好的社区关系下设举办社区文体活动、为当地社区发展做出贡献这两个具体的衡量指标；尊重当地文化包括制定合理的行为准则、尊重他国风俗习惯和尊重他国宗教信仰这三个具体的衡量指标。如果说"促进共同发展"主要强调公司对东道国的责任，"提升国家形象"是在强调公司对母国的责任，那么"增进人民友谊"体现的则是公司对两者间双向交流所能起到的桥梁作用。

2. 达标标准

B_1：商务交流与青年交流的目的并不相同，前者重在商业目的的实现，后者包括带有一定商业目的的实习生交流计划、短期培训等活动，以及留学生项目或是夏令营项目等各种带有公益性质的交流，但我们关注的是跨国交往本身对增进各国民众间相互的了解及释疑解惑的重要意义，而将其列为一项指标。公司在考察期限内开展了相关活动，即达标。

B_2：学术与研究项目是指公司对一些学术领域进行投资或直接参与研究，项目本身重在文化交流而与其经营活动并没有直接联系，这一点与产品研发相区别。在公司发布的报告中提及或是官网公布的信息在这方面有所体现，即达标。

B_3：员工跨文化培训是公司为了克服文化差异在企业日常运作

和对外交往中所可能造成的误解与摩擦所采取的预防手段，主要是培养员工对文化的认识，对全球经济和世界文化的理解，提高跨文化交流、合作的技巧等。如果公司发布的报告中提及或是官网公布的信息表明公司在这方面有所开展，即达标。

B_4：举办社区文体活动，公司在海外经营，需要与当地民众打交道，公司如果能够举办一些文艺演出或体育比赛，对建设和谐的社区关系会有所帮助。如果公司发布的报告中提及或是官网公布的信息表明公司在这方面有所开展，即达标。

B_5：为当地社区发展做出贡献是指通过环境美化、志愿者服务、对活动提供赞助等方式来对社区做出一定的贡献（与慈善援助不同）。如果公司发布的报告中提及或是官网公布的信息表明公司在这方面有所开展，即达标。

B_6："尊重东道国的文化"本身比较抽象，几乎所有的公司都能"落实"在宣传资料上，而能够为此制定一系列行为准则更体现公司的诚意。如果公司发布的报告或官网公布的信息表明公司专门制定了行为指引和准则来引导员工尊重当地文化，即达标。

B_7：尊重他国风俗习惯这一项是否达标，主要看公司是否采取了一些照顾外籍员工习惯的措施，在产品生产或营销过程中是否因为当地风俗做出特殊调整。如果公司发布的报告中有所提及或是官网公布的信息表明公司在这方面有所关注，即达标。

B_8：尊重他国宗教信仰与前项类似，重点观察公司是否有专门的举措（如清真食堂、礼拜场所的设置）。如果公司发布的报告中有所提及或是官网公布的信息表明公司在这方面有所关注，即达标。

（三）提升国家形象（权重35%）

事实上，国家形象和公司形象两者总是存在着相互影响：一方面，公司在国际社会的一举一动不仅关系自身的形象和品牌塑造，更能直接影响海外民众对公司母国的看法；另一方面，好的国家形象是这些公司"走出去"的无形资产，使其更容易得到信任，从而更方便地开展业务。

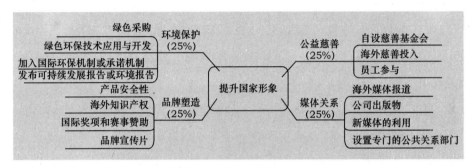

图 2-4　提升国家形象一级指标

1. 指标设置

提升国家形象这一核心目标可以通过公益慈善（权重 25%）、环境保护（权重 25%）、媒体关系（权重 25%）和品牌塑造（权重 25%）这四个二级指标加以衡量。对公益慈善部分主要从三个角度来衡量，即是否有自设的慈善基金会、是否有海外慈善投入和员工参与；环境保护下设绿色采购、绿色环保技术应用与开发，加入国际环保机制或承诺机制、发布可持续发展报告或环境报告这四个三级指标；媒体关系下设海外媒体报道、公司出版物、新媒体的利用、设置专门的公共关系部门这四项三级指标；品牌塑造下设产品安全性、海外知识产权、国际奖项和赛事赞助、品牌宣传片这四项三级指标。公司在公益慈善、环境保护、媒体关系和品牌塑造方面的投入有利于公司的形象打造和独特竞争优势的实现，可以达成社会与自身经济效益的共赢，而在提升企业自身竞争力的同时也会提升企业背后国家的形象。

2. 达标标准

C_1：慈善基金会的设立，表明企业有专门的独立的机构、有专项的经费用于慈善活动支出，并且能够保证慈善活动的机制化、透明化开展。

C_2：海外慈善投入包括企业在救灾、教育、体育、医疗等方面向民众提供的福利投入。如果企业有明确的投入额以及明细说明，该项即达标。

C_3：员工参与是衡量企业公益慈善事业开展情况的重要指标。员工参与度越高，表明公司上至高层、下到普通员工都有奉献爱心的热情。公益慈善不应该仅仅是公司一小部分人的责任，而应该是每一个人的追求。

C_4：绿色采购在产业链中是否涉及是公司为改善当地环境状况而做出努力的表现，在其可持续发展报告、社会责任报告或官网中如有对自身进行绿色采购的行为进行公示，即达标。

C_5：公司是否有进行绿色环保技术的应用与研发，主要参考企业披露的公开信息。如果企业在实际中应用或研发了环保技术，却没有在报告或相关新闻中进行披露，该项则无法达标。

C_6：加入国际环保机制或者承诺机制意味着公司愿意接受国际社会、NGO、当地民众的监督，愿意遵守一定的标准为环境保护做出努力。例如，联合国全球契约计划就是目前全球最大规模和最具影响力的自愿性企业公民倡议，中国部分企业已经加入到这个计划中。

C_7：可持续发展报告能够披露机构的经济、环境、社会和治理绩效。越来越多的公司想让它们的业务更具可持续性，并设立可持续发展报告的体系，以测量绩效、设立目标并管理业务和战略上的变化。可持续发展报告是保持信息透明、向民众披露信息的重要平台，也是为公司持续记录可以影响到其政策、战略和经营的信息的重要渠道。

C_8：海外媒体报道可以直观地反映公司在当地的声誉好坏。公司不能只注重做事，还要学会宣传，学会与媒体打交道。

C_9：公司出版物是公司对外宣传与展示的平台之一，同样也可以成为企业文化的载体，是否拥有定期发行或发布的出版物可以反映出公司在媒体利用和沟通上的重视程度。

C_{10}：facebook、twitter、linked in 等都是企业可以利用的、受到广大国外民众喜欢的社交平台，企业在这些平台上发声，受众广泛而且成本低廉。

C_{11}：设置专门的公共关系部门负责当地的文化交流工作，危机管理与处置，搞好同当地政府、NGO 和媒体的关系，有利于保持公共关系工作的连续性和稳定性，最大限度地发挥组织内部各种资源的作用，提高公共关系工作的成绩和效益。

C_{12}：产品安全性是指产品在使用、储运、销售等过程中，保障人体健康和人身、财产安全免受伤害或损失。开展民间外交的途径有很多，但是提高自身产品的质量和安全性是最根本的民间外交之道。

C_{13}：知识产权是指智力创造成果；发明、文学和艺术作品，以及商业中使用的符号、名称、图像和外观设计都属于知识产权的范畴。而海外知识产权的申请和拥有不仅能体现公司的法律意识，从一定程度上讲也是技术水平的一种侧面体现。

C_{14}：获得国际奖项、资助体育赛事是企业扩大影响力、塑造良好品牌形象的重要途径。如果企业在考察期限内获得重要的国际奖项，或者通过公开的渠道能够查到企业对当地或国际赛事有资助，该项指标即达标。

C_{15}：生动形象，具有吸引力的品牌宣传片对于企业的品牌塑造至关重要。一部好的宣传片不仅是几分钟广告的呈现，更包含着企业对自身品牌的定位。企业网站上有宣传片（中英文）即合格。

（四）维护国家利益（权重 20%）

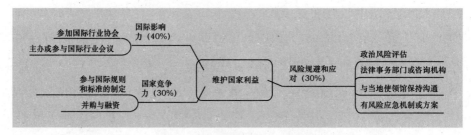

图 2-5　维护国家利益一级指标

"走出去"的上市公司们不仅是作为母国的一张张名片，其成败得失更是直接关系到中国国家利益的实现。由于中国企业走出去比较晚，好的资源已经被抢占殆尽，不得不冒险涉入一些被认为是高风险的地区，这种客观情况没办法回避，而我们在很多方面经验缺乏，这就要求公司在开拓海外市场之前，一定要对战略评估和风险评测给予足够重视，做好市场的供需分析，对当地的政治局势、经济发展状况要有深入的观察与研究，采取一切必要手段，以求将风险降至最低。此外，公司还可以通过加强自身影响力和竞争力的行为，来对自身所处行业地位以及全球范围内的贸易制度和游戏规则施加影响，提升我国的国际影响力和整体的国家竞争力。

1. 指标设置

维护国家利益下设三个二级指标，分别是风险规避和应对（30%）、国际影响力（40%）、国家竞争力（30%）。风险规避和应对之下设政治风险评估、法律事务部门或咨询机构、与当地使领馆保持沟通、有风险应急机制或方案这四个三级指标；国际影响力下设参加国际行业协会、主办或参与国际行业会议这两个三级指标；国家竞争力下设参与国际规则和标准的制定、并购与融资这两个三级指标。这些指标虽然不能展现公司在维护国家利益方面所有作为的全貌，但极具代表性，并且在一定程度上消除了不同行业、不同经营行为间的差异，能够进行较为普遍的衡量。

2. 达标标准

D_1：商业风险因素的评估在公司活动中是一种普遍行为，但对政治风险因素进行评估还未得到应有的重视，所以这里将政治风险单独列出作为一项指标。公司如果有专门针对海外市场进行政治风险评测或局势分析的行为，此项即达标。

D_2：公司专门设置法律事务部门或者有法律咨询机构作为长期稳定的合作伙伴，此项即达标。

D_3：与当地使领馆保持沟通属于公司的非营业行为，只能从公司新闻和网站信息中进行判断，如果能够体现公司在考察期限内有相关的行为（"会晤"、"拜会"、"接待"、"陪同走访"等信息），即达标。

D_4：公司发布有风险应急报告或预制方案，或者从相关报告和网站信息中可以得知公司专门制定了风险应急规划的，即达标。

D_5：公司参加了自身所处行业的国际协会，即达标。

D_6：考察期限内，公司主办或参与了国际行业会议的，即达标。

D_7：在考察期限内，公司参与了国际规则和标准的制定，即达标。

D_8：由于并购与融资不属于经常性的活动，这一项不以行为发生时间是否处在考察期限为标准，公司近年曾进行过海外并购或进行了海外融资，此项即达标。

三、指标赋权与评分

在对各项指标的权重进行分配的过程中，主要采取了三种方法：

第一，主观经验法。小组成员在查阅相关企业详细资料后召开会议讨论，凭以往经验直接给指标设定权重。一级指标的权重设置主要采取这种方法：一级指标中增进人民友谊强调民众之间的沟通与交流，提升国家形象直接关系民间外交活动的开展效果，因此这两项"软收益"所占的权重高于促进共同发展、维护国家利益这两项"硬收益"。增进人民友谊占25%，提升国家形象占35%，促进共同发展和维护国家利益分别占20%的比重。

第二，主次指标排队分类法。具体操作分为排队和设置权重两步：排队是将指标体系中指标按照重要性程度进行排列；设置权重是在排队的基础上，按照A、B、C三类指标设置权重。二级指标、三级指标的赋权主要采取这种方法。以促进共同发展四个二级指标的设置为例，带动经济增长、改善就业状况和提高技术水平分别强调经济、社会和技术方面的共同发展，因此所占权重相同，都为30%。而基础设施建设带有明显的行业指向，本身从事基建的行业会有优势，所以为公平起见，降低基础设施建设一项的权重，占10%。

第三，专家意见法。在小组成员初步确定权重后，聘请有关专家，对指标体系进行深入研究，提出修改意见。由每位专家先独立地对考核指标设置权重，然后采取最大组中值法确定最终权重。

指标体系共包括4个一级指标（核心目标），14个二级指标（衡量目标），39个三级指标（细化目标）。一级指标和二级指标均设置了不同的权重以体现价值取向，而第三级的指标权重则平均分布（平分所属二级指标的权重）。

每个公司的最终得分为100乘以各项得分之和，而每项得分均为各级指标权重相乘再乘以初始得分（按是否达标记为0或1），即：

公司民间外交指数得分 $= 100 \times \sum_{j=1-39} W_j \times A_j$

A_j 为各项初始得分，W_j 为该指标权重 $=W_1 \times W_2 \times W_3$（三个级别权重的乘积）。此外，如果公司在考察期限内发生较大安全或环境事故，或其他严重影响企业和国家形象的事件，则在最终得分的基础上扣除 10 分。

四、评价对象

"中国上市公司的海外民间外交指数"的评价对象以《财富》杂志发布的"2013 年中国 500 强排行榜"为基础，并做出如下调整：①剔除在海外没有经营业务的上市公司，如一些物流运输类公司；②去掉在海外有一定业务但没有任何相关信息披露的公司；③如果公司在考察期限内发生重大生产安全、环境污染事故或其他对企业和国家形象产生极为恶劣影响的事件，则"一票否决"，不再纳入评价范围。

五、信息来源

"中国上市公司的海外民间外交指数"研究所获得的信息主要基于企业主动、公开披露的信息。这些信息满足以下基本原则：主动性，向社会主动披露社会责任信息是企业重要的责任实践，因此，这些信息应该是企业主动披露的信息；公开性，研究人员可以通过公开渠道获取相关信息；时效性，这些信息要反映出企业最新的海外民间外交开展情况。

指标体系的信息来源包括：公司年报、可持续发展报告、社会责任报告、官方网站及其关联公司网站，负面信息则会参考权威媒体（如人民网、新华网）的报道。若企业没有披露相关信息或没有年度报告，与企业的公关部门、企业文化部或海外部门取得联系也是获取信息的重要渠道之一。

部分相关数据来源链接如下：

中国海外投资年会 http://cois.net/

中国企业家俱乐部 http://www.daonong.com/

财富中文网 http://www.fortunechina.com/index.htm

企业社会责任中国网 http://www.csr-china.net/

凤凰网 http://www.ifeng.com/

人民网 http://www.people.com.cn/

新华网 http://www.xinhuanet.com/

六、信息收集期限

指标体系以公司在最近一年开展的民间外交活动为评价期限，即 2013 年 1 月 1 日至 12 月 31 日。本研究的信息搜集截止日期为 2014 年 5 月 1 日。如果企业在此之后公开发布了 2013 年年报或社会责任报告、可持续发展报告，则无法纳入信息采集范围。相应地，将重点参考其官网信息以及近几年的报告内容。

第三章 中国上市公司民间外交指数 50 强

通过将中国 500 强的上市公司纳入"共同发展、人民友谊、国家形象、国家利益"四位一体的评价体系,得出各公司的民间外交指数,以下为 50 强的排名名单。

一、中国上市公司民间外交 50 强名单

表 3-1 中国上市公司民间外交 50 强名单

排名	500 强中的排名	公司	得分	所属行业
1	1	中国石油化工股份有限公司	86	石油、天然气、化工
2	58	中兴通讯股份有限公司	85.9815	通信和通信设备
3	3	中国建筑股份有限公司	84.6475	基建、建筑
4	2	中国石油天然气股份有限公司	83.48	石油、天然气、化工
5	74	TCL 集团股份有限公司	74.062	家用电器
6	19	中国海洋石油有限公司	70.6435	石油、天然气、化工
7	21	联想集团有限公司	70.5605	计算机及相关产品
8	26	中国铝业股份有限公司	67.958	金属
9	52	中国南车股份有限公司	67.7905	机械设备制造
10	72	中国远洋控股股份有限公司	67.3105	交通运输、仓储业
11	5	中国工商银行股份有限公司	61.73	金融

续表

排名	500强中的排名	公司	得分	所属行业
12	18	中国神华能源股份有限公司	58.748	煤炭
13	95	中国国际海运集装箱（集团）股份有限公司	57.3525	机械设备制造
14	112	三一重工股份有限公司	57.1655	机械设备制造
15	49	中国北车股份有限公司	56.375	机械设备制造
16	8	上海汽车集团股份有限公司	55.1265	汽车
17	20	中国冶金科工股份有限公司	54.873	基建、建筑
18	60	青岛海尔股份有限公司	52.7095	家用电器
19	131	东方电气股份有限公司	50.9155	机械设备制造
20	31	中国水利水电建设股份有限公司	50.603	基建、建筑
21	212	中国机械设备工程股份有限公司	48.623	贸易
22	6	中国铁建股份有限公司	47.748	基建、建筑
23	10	中国农业银行股份有限公司	47.018	金融
24	99	四川长虹电器股份有限公司	45.3325	家用电器
25	273	五矿资源有限公司	44.603	批发零售
26	4	中国移动有限公司	41.996	通信和通信设备
27	94	中化国际（控股）股份有限公司	41.915	贸易
28	107	紫金矿业集团股份有限公司	41.7685	金属
29	77	广东美的电器股份有限公司	41.4155	家用电器
30	263	中铝国际工程股份有限公司	41.25	基建、建筑
31	66	中信泰富有限公司	40.643	综合
32	30	华能国际电力股份有限公司	39.853	电力
33	17	中国联合网络通信股份有限公司	38.6855	通信和通信设备
34	22	宝山钢铁股份有限公司	38.625	金属
35	388	中工国际工程股份有限公司	37.645	基建、建筑
36	71	新希望六和股份有限公司	35.9575	农林渔牧
37	12	中国银行股份有限公司	34.02	金融

续表

排名	500 强中的排名	公司	得分	所属行业
38	9	中国建设银行股份有限公司	32.9575	金融
39	14	中国交通建设股份有限公司	32.478	基建、建筑
40	96	中国化学工程股份有限公司	32.353	基建、建筑
41	291	中国有色金属建设股份有限公司	32.1435	金属
42	348	英利绿色能源控股有限公司	31.9155	机械设备制造
43	34	招商银行股份有限公司	27.4375	金融
44	190	创维数码控股有限公司	25.853	家用电器
45	406	中国有色矿业有限公司	24.4155	金属
46	7	中国中铁股份有限公司	24.25	基建、建筑
47	123	北汽福田汽车股份有限公司	24.0825	汽车
48	118	长城汽车股份有限公司	23.27	汽车
49	41	珠海格力电器股份有限公司	20.9375	家用电器
50	93	海尔电器集团有限公司	20.2905	家用电器

注：中国石油化工股份有限公司、中国石油天然气股份有限公司和五矿资源有限公司分别由于环境污染和矿山安全事故被扣分。

二、排名分析

1. 基建、建筑，家用电器，机械设备制造成为上榜公司最多的行业

在 50 家上榜公司中，基建、建筑类最多，为 9 家，占 18%；家用电器类 7 家，占 14%；机械设备制造类 6 家，占 12%；金融类 5 家，占 10%；金属类 5 家，占 10%；石油、天然气、化工类 3 家，占 6%；汽车类 3 家，占 6%；通信和通信设备类 3 家，占 6%；贸易类 2 家，占 4%；批发零售类、煤炭、农林渔牧、电力、综合、计算机及相关产品、交通运输和仓储业各有 1 家，占 2%（见图 3-1）。

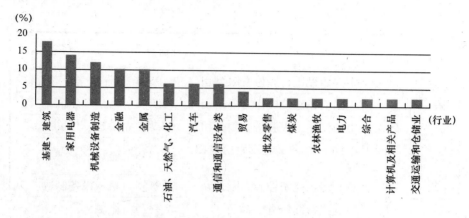

图 3-1　上市公司民间外交 50 强行业分布

　　这样的结果是必然的，因为建筑类的公司在业务上更可能长时间在海外作业，而工程的周期决定了需要在较长时间内不断与当地人打交道，客观上提升了民间外交活动的必要性；家用电器及机械设备制造作为我国出口中占据较大份额的产品，也是我国相对具有竞争优势的产业，在国际上具有较广的销路，使其民间外交价值大增。

　　2. 上榜公司中，国有控股的公司占据绝大多数

　　上榜的民营公司只有 8 家，占 16%，国有控股公司占据 42 席，为绝对主力。

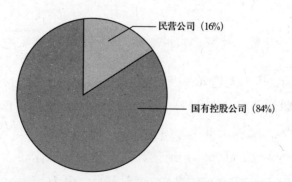

图 3-2　上榜公司中民营公司与国有控股公司之比

这主要与我国的现实国情有关，因为从实力上讲，中国最具规模的上市公司绝大多数是由原来的大型国企改制演化而来，本身就具有民营公司难以在短时间内赶超的市场地位，而公司在选择是否进军海外以及"要走多远"时必须估计到经营风险，量力而行，客观上导致了这样的差异；但是，也反映出跟国有控股公司相比，民营公司的民间外交意识的确更淡薄一些，这或许与国有控股公司的"官方身份"较浓重有关，国家对其关注程度较高，国际上也更看重其行为意图，以致在实际运营中"不得不"多关注自身的作为。

3. 增进人民友谊与维护国家利益的意识最为欠缺

从上榜公司的平均得分率来看，整体状况并不令人满意，只有促进共同发展一项刚过 60%，具体：促进共同发展为 63%，增进人民友谊为 37.57%，提升国家形象为 48.92%，维护国家利益为 44.95%。

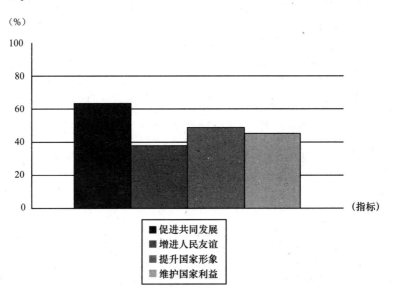

图 3-3　民间外交四个方面得分率对比

这样的得分率可以反映出中国上市公司在民间外交领域的作为更多地在经济发展方面，促进共同发展的较高得分率来自企业与东道国经济利益的相互契合，这是非常自然的，也无可厚非；但在体现公司民间外交更主动性的"增进人民友谊"方面，或许由于缺少立竿见影的绩效收益，公司的关注度显然不够，这部分也成了公司得分率最低的部分；作为权重最大的一部分，也是民间外交最为核心的目标，提升国家形象方面的得分率也未过半，不得不说是一种遗憾，突出反映了我国上市公司在社会责任、公共关系和品牌塑造等方面极为欠缺，公司要想提升自己的分数，或者说要想在民间外交领域有所作为，这是最为关键的一部分；此外，在维护国家利益方面，我国上市公司囿于自身实力，尚难在国际行业竞争中形成优势，因此，难以对国家竞争力产生决定性的拉动力。

4. 促进共同发展急需高新技术

在促进共同发展方面，各小项平均得分率：带动经济增长为69%，改善就业状况为81%，提高技术水平为47%，基础设施建设为39%。

可以看到，大多数的公司都能够注意到雇用当地员工以及进行职业培训，对自身经营和改善东道国经济尤其是就业环境所具有的价值，但较少有公司能够做到以高新技术和设备注入东道国的方式来为当地社会发展提供帮助，这或许也与我国企业本身在技术领域尚未达到普遍的先进程度有关。

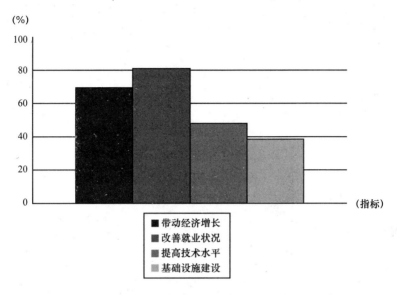

图 3-4　促进共同发展指标得分率

5. 增进友谊需要沟通与交流

在增进人民友谊方面，除了总的得分率，各项得分也均较低，其中促进民间交流为 34.67%，发展良好的社区关系为 49%，尊重当地文化为 30%。

良好社区关系与经营活动联系紧密，有相对较高的得分率并不令人意外，但是，如果不能将对当地文化的尊重列入日程，社区关系能否长期处于稳定状态则值得怀疑。对民间交流的促进非常能够体现公司的"主动意识"，即是否自觉自愿地想要为两国（多国）民间交流进行铺路搭桥，中国公司在这方面的意识显然比较淡薄。

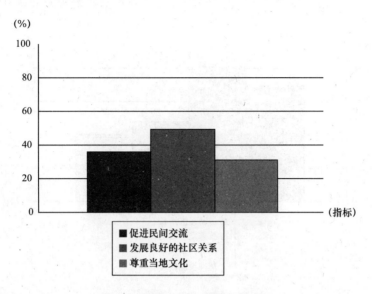

图 3-5　增进人民友谊指标得分率

6. 海外公益需要加大投入和宣传

在提升国家形象方面，公益慈善部分最为薄弱，仅为 32.67%，环境保护为 55.5%，媒体关系为 52%，品牌塑造为 55.5%。

面对日益激烈的国际竞争和复杂的运营环境，中国公司的公益理念有待革新，多数企业在公益慈善问题上仍停留在"献爱心"的阶段，或者仅仅为了缓解社区不满情绪，举措比较随机和具有临时性，有待朝更积极主动、有规划的方向努力。事实上，在公益、环保意识和公关意识之间是存在一种协同效应的，良好的沟通渠道可以放大社会与经济效益，并有助于对公益、环保事务中可能出现的误解进行澄清。

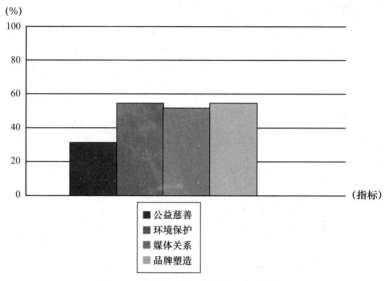

图 3-6　提升国家形象指标得分率

7. 中国公司国际影响力仍然较弱

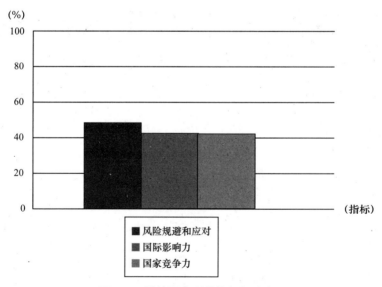

图 3-7　维护国家利益指标得分率

在维护国家利益方面，风险规避和应对得分率为 49.5%，国际影响力为43％，国家竞争力为43％。风险应对是公司在海外经营中需要时刻保持关注的环节，中国公司在这方面还有待加强；在国际影响力方面，中国公司还不具备较大的发言权，在国际标准上也只能遵循西方标准；虽然海外并购与融资有利于中国公司融入整个世界市场，更深入地参与国际竞争，加强中国与世界的联系，但比"量"的增长更重要的其实是"质"的增长，公司需要结合风险分析来进行更谨慎的决策制定。

8. 得分率最低的六个单项指标

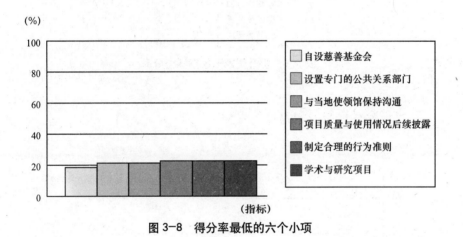

图 3-8　得分率最低的六个小项

自设慈善基金会、学术与研究项目、设置专门的公共关系部门、与当地使领馆保持沟通、项目质量与使用情况后续披露、制定合理的行为准则——这是得分率最低的六个单项指标。这样的情况集中反映了几个具体问题，可谓细节决定成败：专门的基金会意味着公司有意将公益慈善作为一项事业来进行长远的规划，而不是作为广告营销或形象修复的临时手段；专门的公关部门在公司战略实施、对外宣传和应对公关危机事件中能够发挥更及时和高效的作用；对项目的后续情况有所关注意味着公司并不是"赚到钱就走人"，而是对当地社会发展和民众的生活抱有一种责任感；与使领馆的沟通和在跨文化经营中进行标准化管理是两个比较容易被忽视的手段，值得引起注意；对学术研究的注目其实是对那些具备一定实力的公司所提出的更高要求，不过也要对可能引起的问题（如影响学术中立或变相行贿）提高警惕。

三、小结

由于涉及信息的公开性，不排除有这样的可能——很多公司在民间外交领域进行了卓有成效的工作，而我们却无从得知；另外，即使在民间外交领域的投入不相上下，公司在宣传和公示工作上的差异也会导致其达标项数目差别很大；此外，我们在对 500 强公司进行初步考察时也发现，有些公司的海外业务明明做得很大，但是其对海外工作的开展情况绝少披露，既看不到公司在日常经营以外的其他活动迹象，社会责任报告和官网的制作也相当简陋。所以，根据指标进行打分和排名并不是绝对科学，也绝不是最终目的。事实上，我们更希望以此作为一种督促手段，来提醒上市公司去关注自身在民间外交方面的价值和"效益"，即使仅仅让公司意识到自己的行为"会影响到国家形象"、"会对其他中国公司产生示范作用"，从而在主观上能够更自觉合规。

第四章　中国企业践行民间外交的经验与启示

近年来，越来越多的中国企业或出于企业自身发展的需求，或出于对国家战略的响应，纷纷走出国门，进行国际化的经营。与此同时，其中一些企业在日常经营活动之外做了大量有利于增强国家间信任工作的工作，这些工作虽未被冠以"民间外交"的名义，但依然为东道国的社会发展和我国的国家形象塑造贡献了自己的力量，值得肯定。它们所取得的宝贵经验也可供中国上市公司参考和借鉴。本章选取了三个有代表性的案例，从不同的角度来展现企业开展民间外交的方式。

一、华为——消除数字鸿沟

自 2001 年"走出去"战略实施以来，中国企业作为国家形象的代表，逐渐成为中国外交中的重要民间力量。华为自创立以来，沿着中国外交路线，先后进军东南亚、日本、北美、欧洲等 40 多个国家和地区，在全球各地的发展早已被深深烙上"中国"印记。作为中国本土的跨国通信企业，华为把企业发展目标与国家外交目标结合起来，通过全球资源配置，共享科学技术，努力消除数字鸿沟，以促进东道国与母国的共同发展。

（一）技术引进，使人人享有通信

消除数字鸿沟，首先要做的是消除通信障碍。在信息化和数字化的时代，固话和移动电话已经成为人们生活中的必需品。但是目前有一些欠发达国家和地区通信技术依然匮乏，通信信号不畅，严重阻碍了当地经济社会发展。华为作为一个通信类跨国公司，在海外与当地合作伙伴一起通力合作，消除数字鸿沟。通过向欠发达地区引入高新技术，帮助欠发达地区发展高效通信网络，把偏远地区的人们与信息社会连接起来，丰富了"信息孤岛"人群的沟通生活，在一定程度上改善了当地人们的生计。同时，华为的海外营销之道也赢得了当地民众的认可。

在孟加拉国，为了解决边远农村地区的通信不畅问题，华为与当地运营商合作，推出"Phone lady"解决方案。目的是增强农村地区的网络覆盖，为当地农村居民提供电话和信息接入服务，使他们可以更好地融入经济社会生活中，并最终提高他们的收入。华为在该项目实施过程中采用绿色技术，全程提供网络支持，并提供所需业务的定制服务，保证了缺电的农村地区依然可以实现网络覆盖。Phone lady 项目帮助解决了 280000 名农村人口就业问题，农村业主的平均收入明显高于孟加拉国人均收入的 3 倍。该项目提高了当地就业率，并改善了他们的生计，取得了长远的社会效益。

在尼泊尔，由于境内分布着众多海拔 6000 米以上的高山，再加上交通条件普遍较差，电力供应不足，造成当地基站施工难度大、工期长、建站成本高等问题，使得尼泊尔当地通信覆盖无法普及。为了改善这一情况，华为与当地运营商协作，在当地采用 Single Site 一体化建站的方式，部署了一体化农村站的解决方案。通过小功率室外基站和太阳能供电的使用，大大降低了站点的建设成本，有效降低了基站对市电的依赖，快速帮助当地实现信号覆盖。截至

2013 年底，华为已经在尼泊尔中西区、西部、远西区三个偏远山区开通了 2G 信号，覆盖了当地 800 多万人口。便捷的通信服务，使"高山王国"跟上了数字时代的步伐，尼泊尔人民进入了便捷的全联结生活。此外，通信方便了人们与外界联系，带动了尼泊尔旅游业的发展。

在索马里，华为自 2011 年起，先后为其重要城市摩加迪沙、哈尔格萨、博萨索开通了 3G 网络，进一步丰富了索马里人民的信息与通信生活，为当地人民打开了信息世界的窗口，提高了他们的生活水平。更重要的是，在发生武装冲突的紧急情况下，索马里人民可以及时、有效地进行通信；在战乱中，可以通过现代化的通信网络，互相知会如何避开冲突的危险区域，大大减少了平民的伤亡；在偏远地区，更多的索马里人民得以与亲友通话，享受到自由通信的幸福；在生产、经营方面，更多的索马里农户可以通过电话快捷地获取农业市场信息，从而得到更多改善生计的机会。

（二）加大投资，使宽带处处可及

根据 2014 年 ITU 的报告，发展中国家与发达国家互联网普及率相比仍然有着相当大的差距，互联网的普及率在发达国家为 78%，在发展中国家仅为 32%。根据 2009 年世界银行的一份研究报告，在中低收入国家，宽带普及率每提升 10%，可以带动 GDP 增加 1.4%。华为作为联合国"宽带委员会"的成员，利用自身的资金和技术实力制定相关的政策和措施，参与东道国的宽带建设，为消除全球宽带鸿沟贡献力量。

在非洲，由于相对落后的经济技术水平，当地信息和网络的发展也受到了很大的限制。随着语音通信逐步普及，当地人民对移动宽带网络也有了迫切需求，以了解丰富多彩的信息世界，进而提升经济和生活水平。

首先，根据尼日利亚国家宽带战略，2020 年，国家 3G、4G 数据技术普及要达到 95%，使用率达到 76%。但是截至 2013 年，由于价格和接入问题，尼日利亚 3G、4G 数据技术普及率和使用率都比较低，分别是 35% 和 6%。为帮助尼日利亚普通民众都能享有宽带接入，华为增加资金投入，与尼日利亚当地运营商合作，在拥有 2000 万人口的繁华城市拉各斯部署了 LTE（长期演进）技术网络。相比传统网络，LTE 网络带宽更大，因而性能更优。尼日利亚合作运营商认为，华为在 LTE 领域的投入是"勇敢的投资"。他指出，通过提供价格低、覆盖广的宽带网络来消除数字鸿沟，这对尼日利亚等发展中国家来说关系重大。二者合作不仅仅实现了技术交流，惠及尼日利亚当地的经济社会发展，更是为中尼两国的互利合作做出了极大贡献，为中国在尼日利亚树立了良好的国家形象。

其次，2012 年华为与安哥拉运营商合作，采用先进的移动网络传输技术，加大投资力度，在当地部署了 100G 智能光网络。智能光网络能够实现超大容量、超长距离的传送，具有高网络可靠性和高网络效率。智能光网络的部署改善了以往安哥拉网络速度过慢的情况，增加了其宽带速度。

多年来，华为跟随中国外交政策，重视与非洲国家友好互助关系，在消除非洲数字鸿沟方面，华为不断做出努力。华为与非洲当地运营商合作，促进了当地高速宽带技术的推广和普及，把非洲大陆更为快速、高效地连接在一起，有利于非洲区域化发展。

（三）培养人才，助力知识传递

人才培养是科学技术持续发展的重要环节。要消除数字鸿沟，培养人才也是关键。由于国家或地区之间互联网基础设施和技术普及率的差异，会有相当一部分人无法分享到现代科学技术所带来的成果，这不仅导致科技人才的匮乏，也会影响科学技术知识的传递，从而影响国家的可持续发展能力。鉴于此，华为通过在东道国建立培训中心、联合教学等方式，助力东道国培养科技人才，实现知识传递，以提高当地人们实现数字化社会的能力，从而让更多的人进入信息世界。

在马来西亚，华为设立了首个境外全球 ICT 培训中心，旨在帮助其成为新一代 ICT 技术的全球专业培训基地。华为与马来西亚 10 所大学签署合约，并在这些学校成立华为大学培训实验室，目的是帮助马来西亚培训 ICT 专业人才，实现知识传递与升级。同时，根据马来西亚政府 2020 年"人才路线图"的策略，华为与马来西亚多媒体发展机构合作制定各项培养措施，加速马来西亚 ICT 人才的发展。马来西亚首相拿督斯里纳吉表示，"人才是经济与社会发展的基石，华为与多媒体发展机构对 ICT 专业人才的关注，对培养未来领袖和推动我们经济转型的计划至关重要。我们希望这种合作关系能持续下去"。[①] 毫无疑问，华为消除数字鸿沟的实践得到了马来西亚政府的认可，这是华为开展民间外交的成果。

在印度，为帮助实现计算机基础知识在偏远地区的普及，使学生掌握计算机运用技能和获取最新信息技术，华为在当地推行 E-Hope 项目。该项目计划每年向 100000 名在校学生提供计算机知识教育，分阶段在印度全国范围内进行推广，目标是在未来的两三年内建立一个覆盖 1000 所学校的知识网络。E-Hope 项目确保印度农村和偏远地区公立学校的学生都能平等地接受到信息教育，消除地区数字鸿沟，为印度提供更多高素质的符合市场需求的人才。这在一定程度上提升了东道国就业率，也有利于带动偏远地区经济发展。

华为消除数字鸿沟的实践，在实现企业自身发展的同时，也赢得了东道国和母国的认可。它用自己的实际行动一步步地践行着企

---

① 华为投资控股有限公司 2012 年可持续发展年报。

业与国家外交的共同目标——实现共同发展。作为消除数字鸿沟的重要参与力量，华为通过技术引进、资金投入、人才培养等方式促进东道国互联网的普及，不仅在当地政府和居民心中树立了良好的企业形象，更是代表中国形象，深入人心。它在非洲的实践有力地反驳了西方国家对中国"新殖民主义"的指责，加深了中非的传统深厚友谊，是成功的民间外交。

二、中国石化——做负责任的中国企业

跨国公司是国家形象的重要标牌，同时也是沟通两国人民友谊的桥梁。它承载着企业营销和国家营销的双重责任，因此，企业负责任的做法不仅能够获得消费者对它的信任，更能获取当地民众的好感，从而赢得世界对企业母国的尊重，这便是成功的民间外交。中国石油化工集团公司（以下简称中国石化）作为中国企业"走出去"的代表之一，其海外业务不断扩展，目前已经融入全球 70 个国家和地区的经济及社会发展。遍及全球的业务范围使得中国石化备受关注，它的一举一动都关系到两国人民的友谊和中国的国家形象。在多年的发展过程中，中国石化培育形成了"每一滴油都是承诺"的责任理念，建立了责任战略、责任治理、责任融合、责任绩效、责任沟通、责任研究"六维一体"的责任管理体系，在环境保护、公益慈善和参与当地社区建设方面做出了巨大贡献。

（一）为自己设置"绿色壁垒"，做保护环境的"绿巨人"

企业是生态系统的最大用户。企业对于环境的影响越来越大，保护环境从企业入手，不但能减少企业自身破坏环境的现象，还可以通过企业的影响力，向更多的人传播环境保护的重要性。随着社

会的发展，人们越发认识到环境保护的重要性，同时对企业提出了更高的要求和期望。传统的石化行业在公众心目中有着"三高"形象（高污染、高水耗与高能耗）。中国石化集团公司行业种类繁杂，可能导致的环境问题非常突出：油田面广，对地层和地表植被破坏大；长距离的管输极易发生油气泄漏事故；炼化企业具有高温高压、有毒有害的特点等。因此，中国石化一直将生态保护、环保公益作为工作的重中之重，力图将对环境的伤害降到最小，并在节能减排、清洁生产、开发可再生能源方面不断努力。

首先，中国石化通过加入全球环保机制接受国际社会的监督，为保护环境做出努力。中国石化是最早加入联合国全球契约的中国企业之一。联合国全球契约由联合国前秘书长安南提出，其目的是号召工商界在日常经营和公司战略中遵循维护劳工权益、尊重人权、环境保护以及反腐败方面原则，通过负责的、富有创造性的表率作用，建立一个推动经济可持续发展和社会效益共同提高的全球机制，从而使更多的人分享到全球化的利益。目前已经有130多个国家的8700家企业和机构加入全球契约，其中包括中国的299家企业和机构。

> "作为负责任的能源化工企业，我们在创造社会财富的过程中，凡是环境保护需要的投资一分不少，凡是不符合环境保护的事一件不做，凡是污染和破坏环境带来的效益一分不要。"
>
> ——中国石化董事长傅成玉

其次，中国石化引领全球契约在中国的实践，用行动教会其他企业如何开展民间外交。所谓"前人修路后人行"，一方面企业要做好自己的事情，另一方面如果企业能够把自身优秀做法和经验进行推广，为后来者搭建学习平台，就会出现相互学习的良性互动，国家形象的提升就不再是单独一个企业的责任，而是一代又一代企业所共同经营的事情。2011 年 11 月 28 日，全球契约中国网络成立大会在北京举行。中国石化成为首届轮值主席单位，联合国全球契约理事会理事、集团公司董事长傅成玉被推选为全球契约中国网络主席团首任轮值主席。作为轮值主席单位，中国石化积极履行并引领全球契约在中国的实践，为全球契约成员之间的联系和交流，推动中国企业加入联合国全球契约并积极参与相关活动，提高中国企业的国际地位和影响力，从而进一步提升中国的国家形象做出了很大贡献。2012 年，中国石化先后加入联合国全球契约领跑者计划、联合国关注气候倡议，并在新一届董事会中设立社会责任管理委员会，成为设立社会责任委员会的首家中央企业。2012 年 6 月，傅成玉董事长获评联合国环境署 2012 年度"环境与发展优秀践行者"。在"里约 +20"联合国可持续发展大会期间，中国石化携手全球 680 多家企业、非政府组织，从联合国发布的 23 项自律性承诺中选择 10 项做出自律性承诺。

最后，生产工作中的"全程绿色"。企业加入国际环保机制表明了其愿意为环境保护做出努力，并接受监督的责任心。但这还远不足以实现环境保护的目标，在实际生产工作中进行绿色采购、研发并应用绿色环保技术也同样重要。无论是在生机盎然的热带雨林，还是在广袤无垠的海洋大漠，中国石化都将环境保护放在与生产效益同等重要的地位，用"绿巨人"的有力臂膀为公司员工和当地民众打造了一个和谐健康的工作和生活环境。

在热带雨林地区，保护生物多样性是中石化环保工作的重点任务。被誉为"地球之肺"的亚马孙热带雨林，是许多珍稀动物和植物的理想栖息地。厄瓜多尔安第斯公司的作业区域正位于雨林腹地的国家自然保护区，与公司互相影响的当地社区有近 100 个，其中还包括多个原始土著部落。为了用心呵护好这个大自然留给人类的物种宝库，中国石化安第斯公司将环保作为建设和谐油区的头等大事。在油区建造了现代化的垃圾处理厂，运用先进的生物降解技术处理污染土壤，以做到对环境的零破坏；开展作业前和作业中，开创性地利用卫星云图、地表三维图像等技术进行环境保护和后期植被恢复工作；在油区原油外输管线沿线增建防泄油控制点，以便更好地处理泄油事故；投资兴建林木控制点，禁止乱砍滥伐，保护油区雨林植被。与此同时，该公司主动邀请政府和媒体现场考察指导，将环境保护工作置于社会监督之下。安第斯公司持之以恒的努力得到世界组织、当地政府、居民、媒体的充分肯定，被厄瓜多尔政府和石油矿产部称赞为"EHS——社区事务工作最佳外国公司"，并获《世界石油》杂志颁发的"世界石油 HSE 与可持续发展最佳公司"称号。

在海洋地区，全天候监测环保执行情况，严格遵守当地生态保护要求。中国石化萨哈林公司北维尼—3 井的钻探区域，位于生活着珍稀海洋生物的萨哈林大陆架地区。根据俄罗斯生态保护法要求，在这片海域作业的公司必须达到零排放、零污染。为此，项目开工前就对钻井平台及各种设备进行达标审验，对从业人员进行严格的HSE 培训。在整个施工过程中，一直有"远东防喷部队"和当地环保官员常驻平台，平台附近还有一艘环境监测船执勤，对钻井作业实行全天候环保要求执行情况监测。将钻井过程中产生的钻屑和废浆全部装入岩屑箱，并运回岸上处理，最终全部作业都完全达到了环保法律要求。

在冲突地区，停产之后的环保工作不容忽视。作为石油化工类行业，中国石化的业务范围大多在资源丰富、局势不稳定的非洲地区。因此，冲突地区的安全问题、危机处理问题，以及被许多企业忽略的环境保护问题成为中国石化在业务开展过程中需要谨慎面对的事情。中国石化苏丹（南苏丹）公司严格按照 HSE 系统管理，采用环境友好型的作业方式。通过新建污水处理设施、采用微生物污水处理新技术应对油田产出水不断增加的情况，切实保护环境。并建立 3/7 区温室气体排放目录，获得 3/7 区作业环境质量证书。2012 年 1 月，因为苏丹和南苏丹两国的纷争，南苏丹境内的油田关闭，3/7 区联合作业公司 DPOC 紧急制定停产方案，严格遵照作业程序执行各项工作，清洗地面管道和输油干线，清空设备中的原油，进行所有设备的维护和防护工作，保护生态环境不受任何影响。

（二）发展源于社会，爱心奉献社会

所想于民，所做为民，不忘初心。越来越多的企业认识到，企业的发展源于当地，应该在力所能及的范围内承担公益慈善行为，为民众谋福利。评判企业公益慈善行为的指标有很多，其中自设慈善基金会、海外慈善投入和员工参与是最重要的三个方面。中国石化在公益慈善方面的很多做法值得其他企业借鉴。

首先，中国石化成立专门的慈善基金会，开展公益活动。2009年，中国石化成功并购 Addax 后，成立了"中国石化 Addax 公益基金会"，专注于非洲和中东落后地区的健康、教育和环境公益活动。该基金的扶助对象，不仅包括公司拥有经营项目的国家，也包括目前无经营项目的国家和地区。基金会运营采用国际先进的公益基金管理模式，委托享有良好国际信誉的非政府公益组织（NGO）运作，保证了基金使用、公益项目运作的透明度和实施的有效性。值得注意的是，在并入中国石化之前，Addax 就是一个业务范围集中在西非和中东的跨国油气勘探开发公司，在尼日利亚、加蓬和喀麦隆等地声誉良好。中国石化在 Addax 的基础之上设立慈善基金会，专注于落后地区的健康、教育和环境，不仅便于"轻车熟路"开展公益活动，对重组之后跨文化之间的融合也大有裨益。

其次，开展公益慈善活动应重点关注所在国的民生和社会进步。公益活动应该在最贫困的地方、最需要的领域得以开展。基础设施落后、民众受教育水平低、医疗卫生条件有限，这些问题成为非洲地区发展的掣肘因素。认识到这些问题，中国石化在非

洲的公益慈善行为主要从这些方面展开。2011 年，基金会开展了
14 个公益项目，遍布喀麦隆、赞比亚、乌干达、摩洛哥、多哥、
伊拉克和尼日利亚等 13 个国家。2012 年，基金会开展了 18 个公
益项目，惠及 15 个非洲国家。在伊拉克库尔德地区，由于政局长
期动荡，当地民生基础设施严重匮乏，民众生活贫困，缺少基本
的生活医疗设施，中国石化接管 Addax 后，立即与合作伙伴商讨，
共同计划在这一地区实施包括医疗、水电、教育、道路交通在内
的 28 个社区建设项目。作业公司的医疗队定期到油田周边各个村
庄巡诊，为村民提供免费医疗服务。为推进库尔德地区高端人才
的培养，中国石化与合作伙伴一起资助苏莱曼尼亚大学的建设，
支持当地教育事业的发展。

最后，中国企业开展项目合作，共同助力东道国发展。做好
民间外交，提升国家形象不是一个企业的事情，而是所有走出去
的中国企业肩负的共同责任。因此，如果中国企业能够增进沟通
交流或开展项目合作，那么企业行为将会具有更大的影响力，从而
产生更好的民间外交效果。阿尔及利亚南部沙漠供水项目 In Salah-
Tamanrasset，2008 年由布特弗利卡总统奠基，是继东西高速公路项
目之后阿尔及利亚最大的世纪工程，也是阿尔及利亚重要的民心工
程。该项目总投资近 30 亿美元，从因萨拉至大玛哈塞特，全长共
750 公里，输水管线 1256 公里（部分为双管道）。项目的完成可保
证南部沙漠地区多个城市每天供水 5 万立方米，到 2030 年供水量
将达到每天 10 万立方米。项目由我国中石化、中地、中石油、中
冶多家公司和阿尔及利亚当地公司共同承建。项目在施工过程中，
不仅注重环境保护和安全生产，而且使用了大量当地员工，中国企
业为阿籍员工进行技术培训，受到中国驻阿大使馆的表扬。在项目
竣工之时，阿尔及利亚总统亲自为项目剪彩。通过这个案例可以看
出，由中石化、中地、中石油、中冶多家公司共同修建的供水工程
已经成为一条纽带，连接着阿尔及利亚民众的日常生活，也连接着

中阿关系的长远发展。

（三）中国石化在非洲——发展社区关系，回报当地社会

发展良好的社区关系是企业增进与所在国人民友谊的重要方式之一。和谐的社区关系不仅有利于取得当地政府和民众的信任、助力企业各项业务的顺利开展，而且能为我国企业赢得良好口碑，为后来的企业建立良好的社会基础。中国石化集团在大力开拓非洲业务、不断强化国际化经营理念的同时，能够积极承担社会责任，参与当地社区建设、支持当地教育发展、积极开展人道主义援助。2012 年，向非洲各国政府上交税费达 43 亿美元以上，近年来，累计向非洲捐款 658 万美元以上。

中国石化在非洲开展业务以来，积极参与当地社区建设，在医疗、教育、电力、供水和道路等领域投资建设了大量的基础设施，改善了当地居民的生活条件。2012 年，中国石化了解到加蓬的 Gongouwe 和 Ineganja 两个村庄的居民一直依靠雨水和溪水生活，没有干净的饮用水。经过仔细的研究和进行村庄调研，公司从社区基金中斥资近 20 万美金，聘请当地专业水井钻探公司为这两个村庄的居民各打一口水井。2012 年 10 月，公司将两个获得官方水质检测合格报告的水井移交当地政府和村民，让他们喝上了健康、清洁的饮用水。

中国石化关注项目所在国的文化教育事业，积极捐建学校、捐赠学习用品及教学设备，帮助当地改善教育条件，支持教育事业发展。2010 年，中国石化在尼日利亚积极稳妥地开展奖学金项目，完成了尼日利亚 2010 年度奖学金资助计划，共有 60 名学生获得中国石化奖学金资助。同年，公司向奥巴桑乔总统图书馆捐款 100 万美元，支持图书馆发展建设。2011 年 9 月，中国石化中原油田苏丹公司 6 区基地外籍员工培训学校第一批 12 名学员完成了设定的学

习任务。这标志着该公司第二所培训学校正式建成投用。开学当天，6 区甲方总调度和保安总监参加了培训学校的开学庆典，对中原油田苏丹公司高标准培训外籍员工、储备优秀人才的做法给予高度评价，称中国石化是理想的长期合作伙伴。

中国石化关心、帮助当地居民，在他们遇到困难时主动伸出援助之手，积极提供人道主义援助。针对加蓬当地社区医疗卫生体系尚不健全，缺乏基础设施、合格医务人员和高效药品采购系统的情况，中石化 Addax 公司在加蓬改造了 7 个村庄的水利基础设施、1 所医学中心，并广泛进行预防艾滋病和疟疾的宣传活动，在当地分发具有防疟功能的蚊帐和药物，促进对流行疾病的预防、早期诊断和治疗。2012 年，赞助加蓬著名的国际自行车赛事——米萨·邦戈国际自行车赛，在装备、训练等方面为加蓬国家自行车队提供赞助。在尼日利亚，近三年来中石化 Addax 公司完成了 Ezorsu 等 5 所学校的建设和设施配套，对数百人次进行了包括电器、计算机、机械、服装等多个行业的技能培训，完成了 Ugbele 等数个供水、医院以及道路基础设施建设项目。在喀麦隆，Addax 公司重点投资工业类院校，为弱势儿童提供更多平等受教育的机会。2012 年，对杜阿拉工程学院实验室进行了升级，并将陆续为其他院校师生提供实践机会，计划在 3 年内满足 600 名学生的教育需求。2013 年 7 月末至 8 月中旬，苏丹境内连续强降雨，造成大量人员伤亡，约十万间房屋倒塌，数十万人无家可归。面对灾情，中国石化向中国驻苏丹大使馆捐款 5 万苏丹镑，由大使馆、当地慈善机构和企业代表共同组织购买急需物资运往灾区。同年 8 月 21 日，中国石化派代表与中国驻苏丹使馆、萨纳德慈善基金会及在苏中资企业代表向灾民现场发放了救灾物资。

小结："大公司要尽大责任，跨国公司要尽国际责任"，始终是中国石化坚持的一项重要原则。经过多年探索，中国石化总结出了一套增进人民友谊、提升国家形象的有效模式。以非洲为例，中石化 Addax 公司已将发展社区关系实行项目化管理。近年来，该公司先后在部分非洲国家建立了多个水利基础设施、医疗中心、工业类院校等，并积极赞助活动、开展救援，得到了当地政府和民众的一致好评。据统计，2012 年，中国石化在巴西纳税近 2 亿美元，在非洲纳税 43 亿美元以上，捐款 658 万美元。或许很多企业没有如此雄厚的财力去开展公益慈善活动，但是中国石化的做法却可以给我们诸多启示。中国石化建立了全面、系统的"六维一体"责任管理体系，其中包括责任战略、责任治理、责任融合、责任绩效、责任沟通、责任研究六个维度，在"六维一体"战略的指导下，企业的每一步活动都有迹可循。从进行环境保护到开展公益慈善，中国石化的每一个行为都有着明确的目标和丰富的意义。"'六维一体'模式提升社会责任管理工作"和"利用现代信息技术推进合规经营"两个案例，被评为 2012 年全球契约中国最佳实践。中国石化正在用它的实际行动诠释着"负责任的中国企业"，同时和其他走出去的中国企业一起诠释着"负责任的中国"！

三、三一重工——争做行业领头羊

三一集团有限公司成立于 1989 年，是我国最大、世界第五大的工程机械制造企业，也是我国最大的混凝土机械制造商。主要产品包括混凝土、筑路、挖掘、桩工、起重、港口、风电设备等全系列机械产品。而三一重工作为集团的核心企业，在 2003 年 7 月 3 日上市，一直坚持"品质改变世界"，以研发和创新为企业竞争力的核心，每年都会投入销售收入的 5%~7% 在研发上。管理大师赫尔曼·西蒙在参观了三一重工之后，就曾表示："三一重工不是一家典型的中国企业，但它代表着未来的方向。"

发展势头迅猛的三一重工近年颇受关注的两件事就是，对德国工程机械巨头普茨迈斯特的收购案和"诉奥巴马案"。这两个案件具有相当的代表性，前者是中国企业"走出去"的一次重要尝试，后者则可谓是中国企业面对国外政府不公平对待的一次"漂亮反击"。

（一）收购普茨迈斯特案

诺贝尔经济学奖得主乔治·施蒂格勒曾经说过："所有美国的大企业都是通过某种程度、某种方式的收购成长起来的，几乎没有一家大企业主要是靠内部扩张成长起来的。"跨国收购，作为国际化战略的实施手段，已经被越来越多的中国企业所采用。

2011年底，德国机械制造巨头普茨迈斯特公司向一些企业发出了竞购邀约，寻求收购。2012年初，三一重工董事长梁稳根直接给卡尔·施莱西特先生（普茨迈斯特创始人）写信，表示三一重工的收购诚意。在接到回复后，三一重工迅速派公司高管同普茨迈斯特管理层进行接触，详细洽谈收购问题。两周后，将收购价格和范围进一步确定下来。2012年1月21日，双方对外正式宣布：中国三一重工将与德国普茨迈斯特签订合并协议。此后，三一重工董事会正式通过《关于收购德国普茨迈斯特公司的议案》。自此，三一重工并购德国普茨迈斯特正式宣告成功，前后历时仅一个多月。三一重工把此次收购的股权划给其德国子公司旗下，联合中信产业投资基金共同参与收购，共支付3.6亿欧元收购价款，其中三一德国支付3.24亿欧元，拥有90%的股权。

虽然在跨国收购中，中国收购方的出资一般都会大大高于西方的收购价，但恰当的时机选择和谈判已使得三一重工的并购出资额大大低于外界估计的5亿欧元。

1. 时机的选择

"闪购"普茨迈斯特虽是三一集团首尝国外并购，但其国际化的推进是一个连续的过程。三一重工从2006年创办三一印度公司起，陆续在全球多个国家建立多个生产基地和销售服务网络，至今已建有印度、美国、德国、巴西四大研发和制造基地，集团业务已覆盖全球100多个国家和地区。可以说，三一重工在跨国经营上已经积累了相当的经验，对于这次并购的果断出手，非盲目之举。

在并购时机的选择上，三一重工可谓是天时地利。2008~2012年，金融危机和随后的欧洲债务危机创造了两个有利于中国企业海外收购的因素：其一，许多外国企业（尤其是工程机械行业的企业）在这段时期出现需求不足，产量下降，利润大幅下滑，甚至出现濒临破产的局面，股票贬值、市值缩水，使得并购的购买价格降低；其二，则是危机使外国政府对来自中国的投资者持有欢迎的态度。而反观中国，我国工程机械行业在这场危机中受到的影响相对较小，政府的"四万亿元"投资更是为我国工程机械行业提供了重要的发展机遇。这就造成了一个"抄底"海外企业的好时机。

金融危机后，普茨迈斯特业绩迅速下滑，销售额从2007年10亿欧元的峰值一路下滑，2008年8亿欧元，2009年4.4亿欧元，2010年和2011年虽回升至5.45亿欧元和5.7亿欧元，但距离峰值仍然较远。同时，由于没有合适的继承人，施莱西特认为，公司须脱离长期以来的家族企业模式。2011年底，经过高层磋商，普茨迈斯特决意寻找买家。

2. 对象的选择

被三一重工收购的普茨迈斯特，成立于1958年，主要从事开发、生产和销售各种形式的混凝土泵及辅助设备，在全球混凝土泵车的制造上，早已成为著名品牌，特别是它的全球服务和销售网络，其全球市场的占有率长期高达40%左右，且90%以上的销售收入来自德国之外的110多个国家和地区。

作为一个家族式企业，普茨迈斯特由创始人卡尔·施莱西特先生控制 100% 的股份，股权结构比较单纯，便于谈判；普茨迈斯特公司的规模不算大，全球雇用人数在 3000 人左右，人员安排相对容易，后续整合的整体难度较低；普茨迈斯特公司的产品线较窄，全部集中于混凝土泵送领域，但其产品技术突出，在行业中占有垄断地位，非常有利于收购方的"全产业链"和"多产品线"整合。

事实上，正是由于各方面的优势，普茨迈斯特公司一发出竞购邀约，三一重工几乎是不假思索、毫不犹豫地投入到收购竞争中去。

3. 恰当的风险评估与合理的并购战略

三一重工的海外并购采取绝对控股方案，按照机构可整合、成本可接受、风险可控的思路，达到国际化、综合化的发展目标。

首先是收购可能出现的财务风险。收购价格为 3.24 亿欧元，折合人民币为 26.54 亿元，而 2011 年末，三一重工的现金及现金等价物为 82.16 亿元人民币，其中 2011 年现金流量净额为 33.43 亿元。可以看到，此次三一重工并购是在充足现金流保障的基础上进行的。此外，根据普茨迈斯特的管理层披露，公司还有大量银行优良信贷额度可以使用，必要时也能满足三一重工的资金需求，可以说，该项并购基本不会对三一重工造成财务上的风险。

针对政治、法律风险，三一重工采取了利用并购对象所在地的分支机构实现并购的方式予以规避。在并购实施前，三一重工已在德国成立了子公司三一德国，并独立运营两年有余，因此，对德国的政治制度和法律意识都有了一定的了解。同时，三一德国的设立，也让当地政府得以更好地了解三一重工，有效地减少了并购阻力，这为并购的顺利进行奠定了基础，是降低跨国并购政治法律风险切实有效的方式和手段。

此外，在并购案的专业运作上，三一重工做了充足的准备。富尔德律师事务、德勤会计师事务所、博然思维集团、罗兰贝格公司和洛希尔投资银行，这样庞大的一个外部专业收购团队是这次收购案得以成功的重要砝码之一。

而在这场并购中，三一重工还充分发挥了企业文化的作用。事实上，在普茨迈斯特发出竞购邀约后，中联重科更早时候就取得了国家发改委的批复，但三一重工通过直接与普茨迈斯特所有者进行对话，对相互间的经营理念、战略目标和企业文化进行沟通与交流，得到了并购对象的认同，保证了并购的进行。由于法律程序的问题，双方合同有所延迟，为表诚意，施莱西特将妻子买给自己的手表送给梁稳根，而梁稳根则把儿子工作后送给自己的手表赠予施莱西特。这种不以简单的价格优势取胜，而是从战略、理念、文化方面取得对方的认同，巩固并购盟约、防范竞争对手、降低竞争风险的做法，是我国企业在跨国并购中值得借鉴的。

在并购进行中，也曾遭到对方员工的抗议，三一重工采取了邀请被并购方管理层出面协调、向被并购方员工做出安置保证和承诺维持其独立运营的措施予以应对，有效地避免了并购后可能出现的员工矛盾，降低了企业并购风险。

4. 整合战略

收购过程固然可圈可点，但后期整合才是证明收购成败的关键。三一重工特意避免采取有冲突风险的冒进式整合，而是以合作为先，采取谦虚平等的态度，致力于创造共赢，制定了平稳过渡的整合计划。

三一重工选择了差异化经营，最大限度地保留普茨迈斯特的自主性，使其以原有的管理运营模式独立运作，并维持高端品牌。尽量保持普茨迈斯特公司的德国制造特色，维护普茨迈斯特国际顶尖的技术研发和质量要求，其实也是三一重工这次收购的主要价值。所以，在并购交割完成后，三一重工也没有强制输出自己的企业文化等理念，而是保持普茨迈斯特的独立性，只派驻少量管理人员，全盘保留原来的德方管理团队，尊重德国工会的意见，承诺德国工厂不会裁员和减薪。

虽然维持了普茨迈斯特的独立运营，三一重工与普茨迈斯特在生产、研发、销售、企业文化等方面的整合却没有停下脚步。首先，两者的结合可以有效节约成本。三一重工从并购中获得德国普茨迈斯特在全球市场上所有相关技术专利，不仅能够为企业节省 10% 的钢材用量，三一重工的产品质量和附加值也可得到提升；而三一重工可以利用中国制造成本低廉的优势，将自己的零部件输送给普茨迈斯特，降低普茨迈斯特居高不下的生产成本，从而提升利润率。其次，两者还可以进行产品线共享。"小而专"的普茨迈斯特公司的短板是产品线仅有混凝土泵送设备，品种单一，而三一重工的产品线是"大而全"，拥有上下游的全线产品。三一重工未来可能将搅拌车等混凝土机械产品引入普茨迈斯特的产品线中，为客户提供成套解决方案，将普茨迈斯特的品牌效应发挥到极致。

普茨迈斯特的销售区域，国际市场占据 90%，德国国内市场仅为 10%，而三一重工在我国混凝土市场上的占有率达到 50%~60%，但是其销售额分布正好与普茨迈斯特相反，国内市场 90%，国际市场 10%。并购完成后，三一重工可以借助普茨迈斯特的销售和服务网络，实现在海外地区的快速布局，实现国内和国际市场销售服务网络的互补。并购以后，虽然全球整体经济形势并不乐观，但是普茨迈斯特 2012 年的销售取得同比 30% 的增长的良好业绩。2013 年，三一重工实现国际销售收入 108.74 亿元，占公司销售收入的 29.92%，而这其中普茨迈斯特的贡献就占据了半壁江山。

在产品营销方面，三一重工选择实行双品牌战略。在中国国内市场，继续以三一重工为主打品牌，而在国际市场则以普茨迈斯特德国品牌出现。将三一重工原有的孱弱的国际销售渠道和市场，并入普茨迈斯特强有力的国际渠道中。既避免了三一重工和普茨迈斯特两个品牌之间的竞争，又增加了产品的市场覆盖率。

并购普茨迈斯特之后，三一重工可以借助其品牌力量，推动自身品牌和专利发展，拓展品牌海外影响力，借以推动三一重工在国际市场的发展。三一重工也因此减少了国际化过程中一个的重要竞争企业，大大缩短了国际化的进程。

小结：三一重工与普茨迈斯特基本可以形成优势互补，普茨迈斯特在世界范围内相当成熟的营销网络和渠道资源，世界一流的混凝土机械技术，以及具有国际知名度的顶级品牌资源，使此次收购成功为三一重工打开海外市场的广阔空间，有利于公司国际化发展战略的实施。

并购后，德国员工并无过激反应，各项工作依然按部就班进行，仅从 2012 年上半年来看，其销售业绩比 2011 年同期增长了 15%。虽然一次并购行为的后续评价需要一个比较长时期的观测与考察，但从并购近两年的状况来看，三一重工的并购和后期整合还算成功，并没有出现明显的"水土不服"状况。此次收购也得到了业内人士的认可及政府部门的肯定，可以说，三一重工把握住了一次难得的跨国并购、强强联合的机会。

（二）"诉奥巴马"案

2012 年 3 月，三一集团在美国的关联公司罗尔斯（Ralls）公司，从一家希腊公司手中收购了位于美国俄勒冈州的一个风力发电厂建设项目——Butter Creek（简称 BC 项目），为此先后投入了约 1300 万美元。但 2012 年 7 月 25 日，美国外国投资委员会（CFIUS）以涉嫌国家安全为由，发出临时命令，要求罗尔斯公司立即停工，禁止存放或堆存任何设备，立即移走全部设备，而且只允许被该机构许可的美国人进入移走设备。9 月 28 日，美国总统奥巴马签发总统令，中止三一集团的 BC 项目，要求罗尔斯公司在 60 天内从上述场地上撤走全部财产和装置，并且在 90 天之内从这个风力发电项目中撤出全部投资。

于是，2012 年 9 月 12 日，三一集团将 CFIUS 告上法庭，又在 10 月 1 日将奥巴马总统追加列为共同被告。三一集团认为，由于罗尔斯公司控制人为中国公民，奥巴马总统和 CFIUS 对罗尔斯公司的风电场项目做出选择性执法，侵犯了罗尔斯公司享有的平等保护的宪法权利。2013 年 10 月 9 日，美国哥伦比亚特区联邦地方分区法院驳回了罗尔斯及三一集团对 CFIUS 和奥巴马的所有指控。而表示会"坚决诉讼到底"的三一集团于 2013 年 10 月 16 日，向美国哥伦比亚特区联邦上诉法庭递交了上诉通知。

到了美国东部时间的 2014 年 7 月 15 日，美国哥伦比亚特区联邦上诉法院合议庭，就此案做出了判决——判决书指出，罗尔斯在 BC 项目中具有受宪法程序正义保护的财产权；奥巴马总统下达的禁止罗尔斯俄勒冈州 BC 风电项目的总统令违反程序正义；CFIUS 就 BC 项目针对三一集团各公司下达的各项命令，不因奥巴马总统令的下达而自动规避法院的审查。而初审法院应就罗尔斯对 CFIUS 各项命令的诉求立案，并进行实质审查。法院判定了奥巴马总统令在剥夺罗尔斯及三一集团财产权上的程序不够正义，因此，罗尔斯及三一集团在此次上诉中获得了胜利。

1. 策略的选择

决定起诉 CFIUS 及奥巴马，首先是基于对美国司法体制的判断，美国作为一个三权分立的国家，由于财产权在宪法中的神圣不可侵犯，如果法院最终认定总统的行政命令或某些国会通过的法律违反了宪法，是有权令其改正的，也就是说，罗尔斯及三一集团的主张，是有可能获得法院支持的。

而在这一案件中，三一集团可谓不遗余力，聘请了超豪华的律师团，其中包括美国最高法院大法官的实习生、前司法部副部长、美国海军前法律总顾问、小布什总统时期的美国总检察长，这样的法律团队确保了对美国司法系统的深刻了解，是案件能够获胜的实力保证。

在诉讼策略上，三一集团将诉讼的核心请求放在了程序问题上。三一集团并不挑战奥巴马及 CFIUS 禁令下达的实质性错误，而是抓住禁令执行程序上的正义瑕疵，如没有提出充分的证据、理由等，以及禁令中有可能涉及选择性执法和歧视规定。如今，上诉法院已认定初审法院不应依据奥巴马的总统令驳回罗尔斯及三一集团的诉讼，故本案初审法院——美国哥伦比亚特区联邦地方分区法院将重新就此案立案审查。

事实上，这与三一集团真正获胜尚有差距，并没有改变三一集团无法实施这一项目的现状。但是，从法律的角度来看，此次诉讼进行得非常漂亮，他们不仅直接找到了美国法院退休的高层人士做本案律师，更抓住了美国司法部门独立于行政部门，甚至是与之对立的规律，在诉讼的具体策略上也取得了成功。

2. 超越物质利益的价值

虽然根据判决内容，其诉求还要经历重新立案审查的过程，但正如三一重工的品牌总监施奕青所表达的——这一项目本身的损失，以及美国法院的最终判决，对三一集团来说并不重要，重要的是我们表明了立场，表明了中国企业在"走出去"遇到不公正待遇时的立场。

中国企业"走出去"时经常遇到各类不公正的贸易壁垒，在很多情况下，拿起法律武器，勇敢捍卫自身利益，才是最好的解决方案。但中国企业往往不愿或不敢这么做，习惯于选择"逆来顺受"或寻求私下的斡旋。此外，美国复杂的法律体系也常让有维权之心的中国企业望而却步。

于是，三一集团状告奥巴马已经从一开始觉得自己受了"委屈"，是不得不为的"意气之争"，升级为维护中国企业在美国的权益和尊严的一次"亮剑"行为。三一集团通过这个案件在向美国提出警示，中国企业需要得到公平公正的对待。"我认为公平、正义比利益更重要。"吴佳梁说，"如果我们打好这一仗，就可以给大家清楚地呈现一个诚实、自信的中国企业形象，我觉得这样的形象对我们整个中国对外投资的影响都是深远的"。[①]

三一集团遇到的这一问题，在之前的中国企业身上也有发生，可以预见，未来很多中国企业也会遇到，从这一案件中可以总结的经验、教训，都是后来者不可多得的财富。正由于此，很多国际贸易领域的专家和法律学者们都对三一集团的做法表示赞扬，认为这一做法为中国企业海外投资上了一堂极具教育意义的课，值得我们的企业借鉴、学习。

相对于在海外建几个工厂或买多少机器，一场与奥巴马对峙的法律战争可能会引发更深刻的变化。经过此案后，外国政府在审查三一集团等中国企业的并购案时可能会更为谨慎。而对于中国企业而言，观念上的变化更具国家层面上的影响力，这一点，是三一集团在这一案件中对未来走出去的中国企业乃至中国国家利益做出的最大贡献。

此外，这一案件也是中国社会力量参与构建中美关系的一次典型示范。当前中国正需要更多的社会力量积极行动起来，扭转美国或其他国家对华不公平的政策。

---

① 《世界经济周刊》，2012年10月29日，第31页。

第五章 他山之石——世界 500 强 "民间外交" 启示录

一、韩国 SK 集团民间外交启示

（一）企业简介

SK 集团，是韩国三大企业集团之一。SK 主要以能源化工、信息通信半导体、营销服务为三大主力产业。目前，SK 及其附属机构在全球 40 多个国家和地区拥有 250 多个办事处和子公司。在 2013 年《财富》杂志的全球 500 强排名上，SK 位居第 57 位。SK 集团在中国的事业始于 1992 年中韩建交之前。目前，SK 在中国员工超过 1 万人，投资法人数逾 100 家，业务区域遍布全国约 40 个地区。

在能源领域，SK 是韩国最大的综合能源化工企业。蔚山炼油厂拥有每年 4200 万吨原油加工能力，是全球同行业中最大的单一炼油工厂之一。SK 在节能、环保、运营方面的管理技术得到国际同行的认可，多年来连续被世界炼油业权威评估机构所罗门评为全球石化行业效率最高的企业。SK 在越南、巴西、秘鲁等海外开发油田并取得成果，目前，SK 在 16 个国家和地区的 26 个矿区确保了总规模达 6 亿桶以上的份额油。SK 在韩国能源化工领域的市场占有率为 38%，居第一位。

SK 还是电讯领域的领跑者。1996 年，SK 在世界范围内首次成功实现了 CDMA 的商用，并实现了在世界首次推广 2.5 代 CDMA20001X 服务和 3 代同步方式 IMT-2000 等移动通信方面的成功。SK 电讯是韩国最大的移动通信运营商，在韩国的市场占有率达到 50% 以上。SK 电讯拥有多项专利技术，在第三代通信技术 CDMA2000 和 WCDMA 领域拥有多项成熟的应用经验与技术。2012 年初，SK 电讯收购全球知名半导体厂商海力士，为集团增添了新的成长动力。

SK 的前身为 1953 年成立的鲜京织物。在瞬息万变的环境中，SK 战胜竞争对手，实现了四次巨大的飞跃过程。第一次是 1953 年至 20 世纪 60 年代，SK 经历了由织物跨越到了聚酯原丝的生产。第二次是 20 世纪 70~80 年代，SK 完成了从石油到纤维的纵向整合。20 世纪 90 年代进军通信信息行业，应该是 SK 的第三次飞跃。2000 年以后，SK 不断跨越，展开全球化战略，并进军半导体领域。今天，SK 已然成为全球领先企业，正加快走向全球市场。

（二）SK 在中国

1. 本土化战略

> 取之于中国，用之于中国，由中国人参与经营管理。
>
> By China, for China, of China.

SK 将中国看作是 SK 全球化市场的中心。SK 在中国事业发展的过程中，基于"取之于中国，用之于中国，由中国人参与经营管理"(By China, for China, of China) 的理念，提出了"China Insider"。"China Insider"的含义不是指 SK 作为韩国企业在中国寻求发展，而是指 SK 要作为中国企业，与中国一起发展，成为和中国拥有同样基因的"中国的 SK"，与中国经济共同繁荣发展。这一战略推动了 SK 在中国的良好发展，也得到了中国政府和合作伙伴等社会各界的支持。

2. 共同发展

SK 在中国积极开拓新事业，累计投资 500 多亿元人民币。

在都市开发方面，上海 SK 大厦项目为 SK 在上海树立了新的地标。虹桥项目也运营顺利，完成了既定目标。北京通州、成都、义乌、锦州、厦门等地的项目正在积极推进之中。

在环境事业领域，SK 通过与韩国 20 多家优秀环境企业签署谅解备忘录，建立共同成长体系，结合 SK 中国的事业开发力量与合作伙伴的优秀技术力量构筑符合本地市场的事业模式。同时，SK 与国能集团、中国节能环保集团等中央企业及青岛新天地投资有限公司、湖北农资集团等地方企业建立合作关系，奠定了进军中国环保市场的基础。

在中国政府文化产业"大发展、大繁荣"的政策指引下，SK 还大力发展文化创意产业，与境内外多家公司建立了伙伴关系，铺就了良好的基石。

在能源化工领域，SK 的沥青、润滑油等产品在中国市场上的竞争力已获得了认可。在此基础上，2012 年 2 月，SK 综合化学株式会社、中国石油化工集团公司四川维尼纶厂和英国 BP 化工投资有限公司在重庆签署"1，4 - 丁二醇，醋酸一体化项目"谅解备忘录。项目通过优化原料互供，可实现资源的集约化利用，循环经济效应明显。项目计划于 2015 年底建成。2012 年 9 月，新的 SK 锂电池新材料产业基地在重庆两江新区开工。锂离子电池作为新型、环保的储能产品，具有多方面优势，可广泛用于电动工具、电动汽车、电动自行车等领域。SK 锂电池产业基地建成投产后，可实现年产锂电池正极材料 9600 吨，体现了 SK 集团在材料科学领域所拥有的高科技研发和产业化水平。2013 年 6 月 28 日，中国石化集团公司总经理与 SK 集团副会长在北京钓鱼台国宾馆签署了武汉乙烯项目合资经营合同。双方将待中国商务部批准后成立合资公司，中国石化与 SK 综合化学的股份比为 65：35，计划于 2013 年下半年武汉乙烯项目投入商业运营。武汉乙烯项目是 1992 年中韩建交以来两国企业在石化领域合作项目中规模最大的一次，预计每年可生产 80 万吨乙烯产品及 250 万吨石化产品。2013 年 7 月 5 日，北京电控爱思开科技有限公司合资合同在京签约，新公司由北汽集团、北京电控公司、SK 集团三方共同组建，预计总投资 10 亿元人民币。SKinnovation 将独自向合资公司供应韩国瑞山工厂所生产的电池芯，新合资公司将建设中国第一条全自动的模组生产线和半自动的电池包装配线，成为技术水平国际领先、服务及时可靠的动力电池组企业。在信息通信和半导体领域，2012 年 2 月，在 SK 电讯完成对海力士公司主要股权的收购后，集团领导多次访问位于江苏省无锡市的海力士工厂，鼓励海力士工厂再创辉煌。无锡海力士工厂每月生产 15 万张芯片，相当于全球市场中动态随机存取存储器销量的 11%，并且能够生产 30 纳米级的闪存芯片。

2012 年，SK 在系统集成芯片、互联网、医疗、智能城市等领域在中国努力开拓了新的事业，主要成果包括与深圳市政府共同成立韩合集成电路合作研究院、与江淮集团签订车联网合作备忘录、在黑龙江省推进医疗信息化试点项目、与中建智能工程建立了合作。为更好地开展地区业务，SK 设立了区域总部。

3. 民间外交在中国

（1）教育领域——为中韩两国未来的沟通交流培养栋梁之材。

> 十年树木，　百年树人。

SK 将其民间外交的重点放在人才的培养上，尤其注重对青年学生的培养。因为 SK 深深地认识到，中、韩青年是两国关系的未来，而两国关系的前途也会直接影响到青年的前途命运。就像《管子·权修第三》中说到的："一年之计，莫如树谷；十年之计，莫如树木；终身之计，莫如树人"，收获庄稼只需一年的时间，栽植树木十年足够，而培育优秀的人才则需要百年的努力、各方的心血。SK 与国家、社会和学校、家庭一起，为两国未来的沟通培养栋梁。从 2000 年开始，在北京电视台播出的《SK 状元榜》，是 SK 为了培养中国青少年人才而开办的青少年智力竞赛节目。《SK 状元榜》每周星期六和星期天通过北京 TV 播出，是通过全国各大学校优秀学生参与，以个人对决的方式进行，根据连胜次数可获得相应数额的奖学金。不仅是北京和上海，中国内地各个地区的学生都作为各自城市的代表，拼尽全力进行激烈的竞争，使得栏目更加精彩，已经成为青少年节目中收视率最高的节目。

《SK 状元榜》以开展"霸气、信用"等青少年公益活动的方式替代了商业产品广告。因此，人们普遍认可了其公益性质，其在 2010 年获得了中国国家广电总局主办的星光奖中青少年电视栏目部分的大奖。此外，获得《SK 状元榜》周状元以上的学生大部分都考入了清华大学、北京大学等名校或者到海外留学，有望成为中国社会的领导阶层，为未来中、韩两国的沟通起到桥梁的作用。

不仅如此，为了帮助中国青少年提高国际竞争力，从 2001 年开始，

SK在北京举办了"SK状元榜英语竞赛"；此外，SK集团每年举办"中韩SK青少年交流活动"，旨在给中、韩两国的青少年提供更多相互交流的机会。"中韩SK青少年交流活动"已经超越了民间企业经营的普遍意义，它意味着两国"未来人才的交流"。SK于1995年在北京大学、清华大学设立SK奖学金，每年奖励北大、清华的优秀本科生。已坚持了17年，共奖励了500多位优秀学子。从2007年开始，SK在中国举办以在校大学生为对象的"SK商意擂台"有奖征集活动，向入围学生提供到韩国总部实习的机会，这些也都是响应SK"十年树木，百年树人"人才培养战略的举措。

韩国高等教育财团（KFAS）是SK前任会长捐款成立的，是旨在推动韩国高等教育发展的公益基金。2000年，韩国高等教育财团的资助领域扩大到海外。从2000年起，每年邀请40多位中国大学教授赴韩进行学术研究并提供相关经费，至今已有27家大学的212名教授完成学术研究项目。韩国高等教育财团还积极促进亚洲学术繁荣和学术界交流，与北京大学、复旦大学共同承办国际学术交流会议——"北京论坛"和"上海论坛"，已成功举办5届。

> "教育的质量和水平决定着一个民族和国家的未来兴亡。所有产业的发展，均依赖于教育所能达到的高度。人文社会科学的提升和飞跃，与人类思想、文明的复苏和繁荣息息相关。20世纪是西方哲学引领世界的历史，21世纪我们应该在重新解释东方哲学、文化的基础上思索整个人类文明的发展道路，这正如'北京论坛'的主题所表明的：文明的和谐与共同繁荣。每一个真正有责任感、使命感的企业，应该把社会的利益作为它的最终利益，为人类的共同进步做出自己的贡献。"
>
> ——SK财团事务总长金在烈（Kim Jae Youl）

教育资源的投入不应仅仅局限在中国的中部、东部等发达地区，而且应该辐射到相对落后的地方，照顾弱势群体的利益。SK 建立希望小学、资助打工子弟学校就是对上述思想的最好阐释。为了响应中国政府西部大开发、改善基础教育环境的号召，SK 分别在新疆、湖北、云南等地建立希望小学。2008 年 5·12 地震后，SK 集团会长崔泰源亲自赴川访问，在重灾区一倒塌校址上郑重承诺捐建小学；2009 年 9 月，彭州市通济镇幸福小学竣工投入使用。2012 年，SK 向成都市慈善总会捐赠善款 40 万元，其中 20 万元用于冠名新津中学 2011 级"宏志班"和资助部分贫困大学生；另外 20 万元用于彭州市通济镇幸福小学、绵阳市北川县安昌镇幸福博爱小学和绵阳市盐亭县林农镇幸福博爱学校教师园丁奖的设立及电脑等教学设施的维护。此外，SK 中国向位于北京市昌平区的打工子弟小学京瑞学校捐赠了 26 台电脑，用以更新学校电脑设施，帮助学校开展 IT 教学。

（2）环保领域——全员参与构筑"绿色长城"。

在环保领域，SK 呼应中韩环保合作的战略指向，从 2007 年起参与中韩友好绿色长城项目，2007 年、2008 年已援助 400 多万元人民币。在内蒙古地区的库布其沙漠东侧种植长达 28 公里、宽 100 米、面积 3587 公顷的防沙防尘林带，筑起"绿色长城"。SK 集团开展的环境保护项目，不是简单地进行资金投入，而是上到集团会长、下到普通员工都参与到每次活动中，让环境保护的理念深入到每一个员工的内心。

（3）赈灾——第一时间奉献关爱。

在"心系灾区，情暖玉树"的倡议下，SK 中国区员工纷纷慷慨解囊，为玉树灾区筹集了 7.1 万元人民币。2010 年 5 月 11 日，SK 中国通过红十字会向玉树捐款 107.1 万元人民币。2008 年 5 月 12 日，中国四川汶川发生特大地震，SK 于第一时间为灾区人民捐款 1000 万元及捐赠 1500 万元的物资，积极参与抗震救灾和灾后重建工作。2013 年 5 月，SK 集团宣布向遭受 7.0 级强震的四川省雅安地震灾区捐赠 610 万元人民币，其中 SK 集团捐赠人民币 500 万元，SK 海力士和 SKC&C 分别捐赠 100 万元和 10 万元。SK 的成员们也自发开展了募捐活动，捐款额达 5 万多元。位于北京 CBD 地区的 SK 大厦在一层大厅举办了以"洪水无情，人间有爱"为主题的公益捐款及拍卖活动，将通过义卖方式获得的善款全部用于购买灾后重建物资，捐给受洪水袭击的地区。在北京"7·21"特大暴雨中严重受灾的房山十渡镇前头港村获得了由 SK 中国捐赠的米、面和食用油等生活物资，用于渡过生活难关。

（4）志愿服务——让更多的人加入志愿者家庭。

SK 集团在韩国一直以开展积极的志愿服务、关怀疾苦群众著称，在中国，SK 也秉承其美好传统，开展各项关怀弱势群体的志愿服务活动。

> 约 90% 以上的 SK 集团成员活跃在 400 多个志愿者组织中。

SK Sunny 是大学生参与的志愿者服务，其全称为 SK Sunny 中国大学生志愿服务行动，是 SK 集团在 2003 年首先在韩国发起的大学生志愿服务行动。为了实现"培养人才，贡献社会"的 SK 社会公益理念，自 2010 年秋天在中国组织和实施以来，已拥有了 2500 名大学生成员，志愿服务时间累计超过 11 万小时，受助人数约 1 万人。来自北京、上海、四川、深圳等地高校学生围绕教育、环保、慈善等主题，前往贫困地区、灾区、敬老院、孤儿院、医院等地，开展支教、敬老、助残、环保、文艺表演、环境保护和民俗文化保护等多种多样的活动。这些活动不仅帮助中小学生提高了科技创新意识，促进了当地教育的发展，而且加深了中、韩两国大学生在人文历史、民俗风情、遗产保护等方面的相互了解，搭起了两国青少年交流合作和友好往来的桥梁。2010 年秋天,SK 与共青团中央和中国光华科技基金会合作发起 SK Sunny 中国大学生志愿服务行动,至今共有来自全国 16 所大学的 1600 多名大学生参加,为 8000 多位受助者带去了温暖。SK Sunny 的大学生志愿者除了提供服务,还能得到志愿服务能力培训,前往海外与国际志愿者交流,自主策划新的志愿服务项目的机会。2003 年 SK Sunny 在韩国创立至今,累计在亚洲各国拥有 10 万名以上成员,平均每年活跃志愿者有 5000 多人。

目前,越来越多的公司注重开展志愿服务活动,在活动中奉献爱心、加深与当地民众的沟通和了解。但是,参与活动的往往只是公司中很小一部分人,许多参与者只是把志愿活动看作一项不得不完成的任务,不能自觉地参与或者组织活动。那么怎样调动上下全体员工,让他们在每一次活动中既有所奉献,又收获充实、感动和幸福,是值得我们认真思考的。在 SK,90% 以上的集团成员活跃在 400 多个志愿者组织中。各成员主要以各公司为单位,在社会各个地方开展社会公益活动,包括集团会长在内的各公司的 CEO 等也以身作则,积极参与社会公益活动。

(5)人文交流——为沟通交流搭建平台。

为了加强中韩友好合作关系,SK 集团作为韩国的民间企业及中国政府的合作伙伴,2006 年与中方共同举办了"感知中国·韩国行"活动。该活动是胡锦涛同志于 2005 年底访问韩国期间与韩国政府共同促成的。这一盛大活动旨在迎接中、韩两国建交 15 周年,促进两国文化交流,进一步加强两国的友好合作关系。这一活动被评价为"迄今为止,中国在韩国举办的规模最大的文化交流活动,在促进中、韩两国文化交流,增进两国友谊,推进两国友好合作等方面做出了史无前例的重大贡献"。

> 欣闻"感知中国·韩国行"活动即将在韩国拉开帷幕。举办"感知中国·韩国行"活动，是去年11月我访问韩国期间同卢武铉总统达成的一项重要共识，目的是促进中、韩两国文化交流，增进两国人民的相互了解和传统友谊。
>
> ——2006年胡锦涛致活动开幕式的贺信

上述举措赢得了政府、媒体和公众的广泛认可。2008年，SK集团被授予"中国红十字勋章"。2010年5月，中国红十字会授予SK集团"中国红十字博爱奖章"。2008年10月，SK荣获"2008中国民生行动先锋"称号。2009年，SK获商务部评选的"金蜜蜂"企业社会责任大奖。2010年1月，在《南方周末》公布的世界500强企业在华慈善公益榜上，SK排名第六。2010年1月，中央电视台公布了一项调查报告，将SK列为在华表现最为突出的十大外资跨国公司之一，SK也是唯一入选的亚洲公司。2010年1月，深受中国青少年喜爱的"SK状元榜"电视智力竞赛栏目获得国家级大奖"星光奖"。2010年11月，在中国2010企业创新年会暨低碳经济发展高峰论坛上，SK集团获"2010年中国低碳创新企业"奖项。2010年11月，中外跨国公司CEO圆桌会议组委会授予SK集团"跨国公司在华贡献公益奖"。2011年1月，SK获得由《中国能源报》和中国能源研究院共同颁发的"中国能源外商投资企业社会责任奖"。2012年，获《环球企业家》杂志评选的"中国最佳表现公司"称号。

众多的奖项是对SK开展民间外交活动的认可，也是对企业和所在国家的一种宣传。这样的宣传会为企业开拓广阔的市场，为后来者铺就康庄大道，为国家形象锦上添花。

（三）SK 集团民间外交活动的特点及启示

SK 本着以人为本的经营哲学，从半个世纪以前开始，一直发挥着开展民间外交的先驱作用。

> 国之交在于民相亲，民相亲在于相知心。

1. 为幸福架桥通路

幸福是什么？幸福是一个人同时处于爱和被爱的状态而产生喜悦、满足和感恩情怀的心理感受。人们努力工作、团结朋友、爱护家人、向陌生人奉献爱心，其实都是在追求幸福，在这样的过程中，我们获得成就感、充实感、满足感和幸福感。幸福不仅仅是民众个人的事情，也与政府密切相关。政府通过提供完善的基础设施、良好的社会福利等改善人们的生活环境，提高人们的生活水平和幸福指数，不断践行 "以人为本" 的理念，从而获得民众的信任和支持。这样看来，追求幸福的努力好像与民众、政府的联系更加紧密，而很少与企业挂钩，更别说成为企业所追求的目标了。SK 则提出 "幸福的参与、幸福的相生、幸福的变化" 三大原则，将幸福这样一种人文主义价值与商业目标完美地结合在一起。SK 以这三大原则为基础，积极参与社会问题的根本性解决。

"幸福的相生" 意味着与地区社会、NGO、所在国政府等保持紧密的合作关系，使各方的力量、技术得以共享，在更高的层面上开展民间外交活动。这样的幸福不只着眼于集团内部员工的小幸福，而是辐射到与 SK 打交道的所有对象的大幸福；这样的幸福已经超越简单的合作，成为大家相互依赖的融洽相处。

　　"幸福的参与"则是指上到集团高层，下到新入职的成员，都自愿自觉地参与志愿活动。参与每一次志愿活动去奉献关爱，已经不再是公司员工的义务，反而成为肩负的责任，成为实现人生幸福的方式。"幸福的参与"大概就是我们通常所说的"赠人玫瑰，手有余香"的境界吧。如果每个人都能够在参与中获得幸福，那么每个员工走出去都是企业的一张名片、国家的一张名片，这样的感召力是简单的宣传所无法企及的。

　　"幸福的变化"是指对弱势群体、对不发达地区，并不是进行一次性的慈善救助，就像中国古话中的"授人以鱼，不如授人以渔"，而是进行使其能够自立的系统性支援，从而带来根本性的社会变化。我们知道，捐款、捐物资是慈善救助的方式之一，也是最简单的方式，但对于社会性问题的根本解决，慈善款项无异于杯水车薪。但是，如果开展能够使弱势群体自立的系统性帮助，就能够真正为他们带来幸福，而且是长远的幸福。

　　通过这三大原则，我们可以清晰地看到 SK 集团具有的远见卓识：开展民间外交活动不是简单地捐款、宣传，而是付出责任心和真诚，自愿自觉地去做一些有利于当地社会根本性变化的努力，从而实现所有人的幸福。

2. 重视民间外交的协同效应

　　民间外交的协同效应，是指将集团优势（整体）和成员公司的力量（部分）结合起来，采取有分有合的方法开展民间外交，从而实现效果最优化。"有分有合"往往是指经营方法，但也同样适用于民间外交的开展过程中。各成员公司的特征和力量为"分"，以"分"的方式开展各个公司的项目，但对于重点领域，又会以"合"的方式，发挥集团层面的协同效应，积极开展民间外交活动。

　　许多公司在开展民间外交活动的过程中，往往只看到其中一个方面，或者以集团名义开展活动而忽视了成员公司的力量，或者各成员公司各自为家，单独进行活动，缺少集团层面的统筹整合。SK 的做法为我们提供了宝贵的经验，集团重点促进的事业包括以下方面：设立创新的社会性企业以促进社会性问题的解决、培育创新性人才为未来交流培养栋梁之材、参加多种多样的志愿活动奉献关爱、为体育文化交流活动提供支持等。

表 5-1　SK 集团重点促进的事业

主题内容	创新的社会性企业	创新的人才育成	参加志愿活动	全球性社会贡献	体育交流活动
SK 重点促进的事业	设立社会性企业	赞助 "奖学 quiz"	成员公司的志愿服务团	智障青少年 IT 挑战	志愿手球协会、击剑协会
	支援社会性企业	开展 "pro bono"	紧急救助活动	弱势群体关爱	建设手球专用赛场
	构建社会性企业生态圈	培养社会性企业家	灾后重建志愿等		

在充分发挥集团资源开展民间外交活动的同时，各成员公司也集思广益，根据自身的优势和经验，开展属于各个公司的特色项目。比如 SK 株式会社开展多种多样的人才培养活动，SK 建筑致力于改善人们的居住环境，SK 海运为残疾人提供水上体验活动等。集团的优势加上各成员公司的努力，SK 的民间外交活动可以轻松实现高参与、广受益的效果。

3. 致力于构建社会性企业生态圈

SK 认识到企业社会参与的必要性，也摸索了企业在解决社会问题时的参与方案——社会性企业。与那些以物质和服务的生产、销售为主要经营活动的企业追求股东利润最大化不同，社会性企业以为弱势群体提供社会服务及工作岗位，提高地区居民的生活质量为目的，将所得利润再次投资于企业和地区社会。

SK 通过对社会性企业积极的培养和支援，引导着韩国社会性企业的发展，通过直接设立社会性企业和支援外部社会性企业，为社会性企业的健康发展努力构建了社会性企业生态圈。截至 2012 年末，SK 共设立或运营 15 家社会性企业，如幸福翅膀株式会社。为了扩大韩国社会性企业的基层，加强竞争力，给予外部社会性企业资金及经营支援。2005 年以后，SK 为 62 家外部社会性企业提供资金支援 200 亿元，以及事业企划、人员培训、IT 等经营支援。

除了设立或支援社会性企业，SK 还通过先占全球议程的方式发挥影响力，在众多国际论坛发声。目前，SK 参与的国际论坛有达沃斯论坛、博鳌论坛、里约 +20 峰会、北京论坛、上海论坛等。SK 注重和全球合作伙伴加强合作，包括联合国全球公约 (United Nations Global Compact)、洛克菲勒基金会 (Rockefeller Foundation)、施瓦布基金会 (Schwab Foundation) 等。在参与全球议程的过程中，SK 已经不单单是一个企业集团，而是和其他群体、社会组织共同寻求社会性问题根本解决的一分子。

4. 多种多样的网络沟通平台

活动的开展固然重要，然而在活动中保持与民众的沟通、分享活动进展也同样重要。SK 的吸引力不仅在于独特的理念及多样的活动，更在于活动的透明和无障碍的沟通。无论什么动态，民众都可以通过多种多样的网络沟通平台实时、轻松了解信息。

世想（Sesang）是 SK 开设的社会性企业支援网站，是一个为了汇聚丰富多彩的创意和团体智库力量而开设的网络。通过 www.facebook.com/sesang 可以实时共享世界上正在发生的有趣的事情。

T–together 是 SK 电讯在运营的参与型社会公益的门户网站。与多家 NGO/NPO 共同提供，参与者可以根据自己喜好选择多种捐赠项目。各个项目透明、公开参与的详细情况以及用处都可以在网站上看到。

SK 电讯于 2003 年开始运营大学生志愿者组织 "sunny"，该组织旨在继续发扬光大 "培养人才，贡献社会" 的 SK 社会公益资产，培养社会所需要的社会性人才。作为韩国规模最大的大学生志愿者组织 "sunny" 项目，主要由大学生策划并运营的 "幸福的 mobile 世界"、"幸福喷绘" 等简单、快乐、易于参与的志愿活动组成。

二、宝洁公司——环境友好企业的典范

宝洁公司（Procter & Gamble，P&G），是一家美国日用品生产商，也是目前全球最大的日用品公司之一。总部位于美国俄亥俄州辛辛那提，全球员工近 110000 人。2012 财政年度，公司销售额近 840 亿美元。宝洁公司在全球 80 多个国家设有工厂或分公司，所经营的 300 多个品牌产品畅销 180 多个国家和地区，包括美容美发、居家护理、家庭健康用品等。

（一）不断进步的宝洁

宝洁公司在环保运营方面不断进步。根据 2013 年宝洁公司可持续发展报告，宝洁公司在过去几年的总排放量大大减少，其中包括减少了 68% 的废物排放、14% 的用水量、7% 的能源消耗以及 5% 的二氧化碳排放量。在单位生产排放量方面，实现了 71% 的废物排放减少、22% 的用水量减少、16% 的能源消耗降低以及 14% 的二氧化碳排放量减少。在 2002~2012 年，单位生产排放量减少一半，实现了 74% 的废物排放减少、58% 的用水量减少、52% 的能源消耗下降以及 54% 的二氧化碳直接排放量减少（直接排放）。环保运营为宝洁节约了 10 亿美元的资金，为它们的盈利状况做出了重要的贡献，也为环境的可持续发展贡献了巨大力量。

（二）宝洁公司为保护环境做出的努力及启示

1. 从擅长的领域入手，改进自身产品

宝洁公司是日用品生产企业，旗下品牌多样、种类繁多的日化用品占据了世界各地广阔的市场。截至 2012 年，宝洁公司成功开发并累计销售了超过 520 亿美元的"可持续创新产品"。以洗涤剂为例，2007 年宝洁推出了汰渍、Gain、Cheer、ERA 和 Dreft 等北美洗涤剂品牌的浓缩液体产品。这一项创新成为宝洁公司实现 500 亿美元"可持续创新产品"目标的最大推动因素。由于这些浓缩剂的创新，每产品的单位减排为 20% 的二氧化碳、15% 的固体废料、20% 的能源消耗以及 15% 的用水量。

除了"可持续创新产品"，宝洁公司还致力于设计节约资源的产品。耗电、耗水的日化用品不仅提高了消费者的使用成本，还会给环境带来巨大的负荷。根据宝洁公司的调研，传统的洗衣机将 90% 的能量都用于将水加温。汰渍与美泰克（Maytag）合作推出了 BravosXL 上翻盖型高效洗衣机。这款洗衣机拥有新的冷水洗涤流程。而当洗衣机与汰渍冷水高效洗涤剂使用时，能够比普通加温洗衣流程发挥出更好的清洁作用。假设洗衣机的平均使用寿命是 11 年，与 2004 年前使用的传统洗衣机相比，这样的产品将为消费者一生节约 2000 美元的费用以及 78% 的能源，因此，无论对消费者还是环境来说都是双赢。

2. 生产—消费—回收：全程绿色

在生产环节，宝洁正在进行几种重要材料的试点生产，它已经将基于植物生产的塑料应用到一些洗发水的瓶子。潘婷生物瓶子就是其中最有代表性的一个，潘婷产品在包装中率先使用了基于植物生产的塑料制品，这种创新型材料由甘蔗制成，是大众护发行业内的一次创举。所用的甘蔗源于巴西的供应商 Braskem，甘蔗先被转化成乙醇，然后再被转化为塑料，植物残渣所产生的生物废料可用于提供该转化流程所需的能量。此外，潘婷通过进一步扩大其 "自然融合"（Nature Fusion）系列所使用的生物—树脂瓶子持续增加对可再生原料的使用。这种瓶子 45% 是由基于植物的原材料组成（不包括瓶盖）。宝洁于 2011 年在西欧和美国首推了这种生物—树脂瓶子，并在俄罗斯、土耳其以及波兰推广。"自然融合" 系列已经成为这些国家第三大洗发系列产品。宝洁公司计划将这些生物—树脂瓶子进一步推广到中东、北美地区和巴基斯坦。预计 2015~2020 年，类似的可再生原料将大批投入使用。

　　保护环境不仅要实现绿色生产，销售和回收环节也存在大有作为的空间，而许多企业往往忽视了后两个环节。宝洁公司创立了 "变废为宝" 队伍，它们的任务是为发展中国家市场废弃基础设施设计解决方案。队伍与政府利益相关方共同在菲律宾执行了一项综合研究，以了解废物的总重量以及组成成分，包括可生物降解的、可回收的以及残余物的百分比。上述所收集的数据用来设计一套综合废物管理模型，这样的模型可以为其他类似企业提供指导和参考。这个模型能够从废物中提取价值（不然这些废物将会被丢弃掉）。宝洁公司与亚洲发展银行进行合作，目标是在菲律宾的安蒂波洛市对这一商业模型进行试点实验，这个项目在 2013 年开始运营。此外，生产和消费过程中产生的废弃物在最大程度上被加以利用：废弃的牙线在墨西哥被用来填充用于清理工业溢出的防溢漏垫；在印度，废弃的卫生护理用品被回收制作成低成本的鞋子中的塑料鞋垫；在泰国和中国，在制造过程中被留下的废弃物通过与黏土和粉煤灰结合加热制成砖块。这些思路和做法都是值得其他公司借鉴和学习的。

　　3. 不忽视每一个细节

　　即使是细小的改变，也能带来惊人的成就。宝洁公司的某产品部门将其在北美大量产品的包装由塑料泡沫翻盖设计变为简单的硬纸板包装。这个转变每年为宝洁节约了 164000 公斤的包装材料。这些新的硬纸板包装使得产品的运输效率增长超过 50%，同时每年节省 100 万美元的开支。

其实，公司开展民间外交并不一定是修建大型的基础设施建设项目，也不一定是大手笔的海外慈善投入，这些都只是民间外交的一小部分。企业可以根据自身的能力量力而行，找到一个小的突破口，从细节寻求改变。宝洁公司只是将部分产品的包装由塑料泡沫翻盖设计变为简单的硬纸板包装，却每年能够节省百万美元的开支，在为企业降低成本的同时，塑造出环境友好企业的形象，实现环境、社会和企业的共赢。

在 2013 年可持续发展报告中，宝洁公司宣布了 2020 年希望达到的目标：通过实现每生产单位产品减少 20% 的能源使用以及减少 20% 二氧化碳排放总量来实现所有工厂 100% 使用可再生能源的长期目标。不管这样的目标是否能够实现，宝洁公司当下的作为都让人们看到，它的环境保护措施不是短期的、暂时的，而是有着长远的规划、具体的手段和明确的目标。

三、宝马——为跨文化沟通搭建桥梁

宝马（BMW），全称为巴伐利亚机械制造厂股份公司（德文为 Bayerische Motoren Werhe AG），是驰名世界的汽车企业，也被认为是高档汽车生产业的先导。宝马创建于 1916 年，总部设在慕尼黑。它由最初的一家飞机引擎生产厂发展成为今天以高级轿车为主导，并生产享誉全球的飞机引擎、越野车和摩托车的企业集团，名列世界汽车公司前 20 名。宝马作为国际汽车市场上的重要成员相当活跃，其业务遍及全世界 120 个国家。目前宝马集团是宝马、MINI、

Rolls-Royce 三个品牌的拥有者。2012 年，宝马集团全品牌共生产 1845186 辆汽车和 117109 辆摩托车。宝马经常与奥迪、奔驰一同并列为德国三大豪华汽车制造商。

> 作为企业公民，我们希望在社会性问题的解决中发挥作用。跨文化的理解和负责任地使用全球资源这两个要素对于克服不同文化之间的摩擦至关重要。我们熟悉我们工作的国家的情况，并打算把这个专长用于公司的公民活动。宝马集团本身也受益于它的企业公民活动。如果我们朝着减少不平等努力，将有助于我们更好地了解当地的社会结构。更好的跨文化的理解也使我们能够应对新的目标群体，并采取一种新的方法来寻找解决方案。
>
> ——宝马集团：2012 年可持续价值报告

（一）为世界文化沟通搭建桥梁

中国公司"走出去"面临的首要问题就是不同的语言文化、行为方式、思维习惯。那么如何在差异中找到共性，如何实现不同文化之间的对话，以及更高层次的理解与合作成为每一个公司需要考虑的问题。宝马集团的做法为众多企业提供了参考。

> "跨文化创新大奖"是颁发给促进不同文化之间的对话和理解，在实现文明社会的安全与和平的过程中做出重要贡献的创新草根项目。

作为一个有着多民族劳动力的全球性公司，宝马集团一直致力于促进民族、宗教和种族群体之间的了解。2011 年，"跨文化创新大奖"设立，这是宝马集团和联合国文明联盟（UNAOC）伙伴关系的见证，是联合国文明联盟和宝马集团史无前例合作的一部分，该奖项是颁发给促进不同文化之间的对话和理解，在实现文明社会的安全与和平的过程中做出重要贡献的创新草根项目。2012 年，来自 92 个国家的 514 人提交了申请；2011 年，有来自 70 个国家超过 400 名的申请者。被选中的项目不仅会得到奖金，而且还会得到世界跨文化创新平台的指导支持。

2011 年，"跨文化创新大奖"一等奖被授予给"世界宗教、外交和冲突解决中心"，以鼓励它们为中东地区的和平和跨文化交流付出的努力。犹太—阿拉伯旅游方案组织旅行团到以色列、巴勒斯坦、约旦、埃及和土耳其参观。以色列和巴勒斯坦的和平缔造者作为旅行团的导游，从不同的侧面向人们展示了观光地区真实的样子，并且使参与者与当地寻求改变的活动家交流接触。2012 年，有 500 人参加了这些行程，目前该项目已经超越以色列和巴勒斯坦，扩大到埃及、土耳其和约旦等地。奖项的公平性以及在促进跨文化沟通中的重要作用使其得到了各国民众、非政府组织的广泛关注。

2013 年 2 月 27 日，联合国文明联盟和宝马集团公布了 2012 年"跨文化创新奖"获得者，联合国秘书长潘基文以及联合国教科文组织（UNESCO）亲善大使普拉西多·多明戈出席颁奖典礼。来自 135 个国家、国际组织、民间社会组织和企业领域的代表齐聚维也纳，强调跨文化对话的重要性。纳赛尔说："跨文化创新奖是联合国文明联盟投身行动的最佳范例。该联盟和宝马集团都致力于帮助这些获奖者提高影响力，拓展他们行动的范围。"

> "我对宝马集团在支持这一奖项以及获奖项目方面表现出的领导力表示赞许。他们展现的创意解决方案为所有社区以及联合国等机构提供了经验。"
>
> ——联合国秘书长潘基文

企业面对不同的民族宗教、文化信仰，要想获得理解与信任并非易事，不是靠简单的宣传或是大笔的捐款就能实现。企业需要展现出对当地文化的尊重，意识到跨文化沟通与交流的重要性，融入当地的生活和行为中，睁开眼睛和竖起耳朵去观察、去听，而不是 "两耳不闻窗外事"。宝马 "跨文化创新奖" 获得者的获奖理由不尽相同，但他们同样都促进了不同文明之间的接触和交流，有的是加强贫困移民、中层阶级和富裕居民之间的理解，有的是促进穆斯林民族和非穆斯林民族的沟通。"不积跬步无以至千里，不积小流无以成江海"，当一点一滴的努力汇聚在一起就会带来大的改变。当企业用良好的行为做好民间外交，打造出负责任的企业形象时，良好的形象就会成为一种无形资产，为企业的壮大、国家的发展铺平道路。

2012 年宝马 "跨文化创新奖" 获奖者名单

● 一等奖：Puerta Joven–Languages of Youth（墨西哥）

Puerta Joven 将因为文化特性或语言而受到歧视的土著青年群体聚集起来。他们计划鼓励青年通过手机进行文化交流。专业电影制作人访问学校和社区中心，指导青年受益者如何使用手机中的创意工具来制作短片。

● 二等奖：Plain Ink–When Change Reads Like a Book（意大利）

Plain Ink 是利用故事、漫画和儿童读物，来帮助儿童和社区克服贫穷和社会排斥障碍的非营利性先驱社会企业。

● 三等奖：Chintan Environmental Research and Action Group（钦坦环境研究和行动小组）–Recycling as Bridge and Binder（印度）

Chintan 的项目通过循环利用，促进了新德里贫困移民、中层阶级和富裕居民之间的理解。由边缘移民在印度城市地区进行回收利用。

● 四等奖：Kapamagogopa Inc.(KI) Volunteers–Muslim Youth Volunteering for Interfaith Dialogue and Understanding（菲律宾）

Kapamagogopa(KI) 是菲律宾第一个，也是唯一一个系统化的穆斯林志愿者派遣计划，年轻的穆斯林被动员成为非穆斯林组织的志愿者，以促进棉兰老岛穆斯林和非穆斯林社区发展。

●五等奖: Taking IT Global(TIG)–Taking IT Global Online Community（加拿大）

Taking IT Global (TIG) 为不断壮大的青年人口、全球化以及信息社会崛起这三方面的交集而奋斗，支持年轻人成为积极的全球性公民和变革推动者。

（二）融入中华文化的三部曲

宝马集团促进跨文化沟通和交流的努力得到了世界的认可，在促进中华文化的传播中也做出了很大的贡献。每当企业来到一个新的国家或地区开展业务，它对当地的文化、风俗习惯是非常陌生的，在这种情况下，不同文化之间的疑虑或摩擦在所难免，成为企业发展壮大的重要阻力之一。那么企业应该怎样融入当地的文化，由不熟悉到熟悉，从接触到体验，最终成为当地文化的传承者？宝马的做法（见图 5-1）或许可以引发我们的思考。

图 5-1 宝马集团"融入中华文化的三部曲"

1. 第一步：接触

接触是融入当地文化的第一步。企业要想在当地获得长远发展，不能"两耳不闻窗外事"，而是要真正地走出去，积极主动地去了解、学习。自 2007 年拉开"BMW 中国文化之旅"的序幕后，宝马集团在学习中国传统文化瑰宝的道路上，从未停下前行的脚步。"BMW中国文化之旅"先后北行丝路、东纵运河、西进陇川、南下闽越、归宗中原，每一年的探访都使参与者对中华文化有更深的了解，更向世人展现了中华传统文化的隽永魅力。2012 年，为了多方位了解中华民族多元文化的魅力与活力，"BMW 中国文化之旅"开启了一段更为广泛的征程，不仅将探访路线增加至四条，还通过传统节日这一全新探访视角，带领更多的文化专家、车主、经销商和媒体人士参与其中。围绕"探四方节令，恒悦古今的精神家园"这一全新主题，宝马集团带领车队成员更深入地走进并解读中国传统文化，为公众铺陈出一幅更为瑰丽的文化画卷。

2. 第二步：体验

体验是融入当地文化的第二步。经过丰富多样的身心体验，参与成员会对当地文化有更深的感悟和体会。宝马的文化之旅探访活动不仅包括参观秀丽的风景名胜，还探访了丰富多彩的民俗文化及民间艺术瑰宝。从清丽婉约的江南水乡，到苍茫辽阔的内蒙古草原，从海风习习的"京族三岛"，到瑰丽多姿的彩云之南，自从 2012年 5 月正式公布全新的节日探访主题以来，2012"BMW 中国文化之旅"四支探访车队循着风格各异的文化路线，对汉、蒙、京、傣、拉祜、布朗等民族的传统文化进行了深入探访，挖掘和保护这些古老的民族记忆，感悟中华多元文化"各美其美、美美与共"的和谐共存之道。

2012 年 6 月 22 日，2012"BMW 中国文化之旅"首支探访车队——东线车队在端午节期间由浙江海宁启程，一路深入吴越大地，再转道进入徽商故里黄山，对沿途丰富多彩的端午民俗文化及民间艺术瑰宝进行了深入探访；随后，北线车队又于盛夏八月、水草丰美之际，北上"天堂草原"锡林郭勒，感受了豪迈奔放的蒙古族"那达慕"大会；九月中旬，南线车队则沿着蜿蜒的北部湾海岸线，一路深入我国唯一的海洋民族——京族的世代聚居地"京族三岛"（巫头、山心、万尾），在悠悠琴声、习习海风之中，欢度京族唱哈节；金秋十月，西线车队成员于"黎明之城"——云南省景洪市踏上收官之旅，在充满神秘色彩的孔雀乐土上，探访了中华文化百花园中最斑斓多姿的西南少数民族文化，为文化之旅添上一道亮丽的色彩。

在这四条探访路线中，不仅有广为人知的端午佳节，以及有所耳闻的草原"那达慕"，更有相对"冷门"和"生僻"的京族哈节。这些具有浓郁民族风情的传统节日，是集中展现当地传统文化与民俗风情的重要窗口。为了引导车队成员更深入地认识与理解当地文化，文化之旅积极鼓励参与成员对各个民族节日和"非遗"项目进行深层次的"体验式"参与，感受广大传承人以及普通民众对传统文化的热爱，积极探寻"非遗"保护的可持续发展方向。

3. 第三步：传承

传承是融入当地文化的第三步，可以说是融入当地文化的最高阶段了。如果说企业进行接触与体验活动主要是服务自己，那么做文化的传承者则意味着为当地社会做贡献。很多企业在融入当地文化的过程中，接触和体验的工作做得很好，但却忽略了第三阶段——文化的传承。

> "BMW 中国文化之旅"连续五年被列为中国"文化遗产日"系列活动。

作为一个与文化有着深厚渊源的企业，宝马集团早在 2007 年就启动了"BMW 中国文化之旅"这一长期性的企业社会贡献活动。

2012 年，宝马集团在和中国艺术研究院（中国非物质文化遗产保护中心）战略合作的基础上，"BMW 中国文化之旅"连续五年被列为中国"文化遗产日"系列活动。至此，"BMW 中国文化之旅"已在六年间行程逾 14000 公里，足迹遍布中国 19 个省市，先后探访了我国六大文化生态保护实验区及 150 多项非物质文化遗产，对沿途 58 项亟待保护的非遗项目和研究课题进行了总计 600 万元的资助，取得了可喜的成果，并对推进非物质文化遗产保护工作和增强全社会的非物质文化遗产保护意识，产生了积极的影响。

在积极探访、捐助各类非遗项目的同时，"BMW 中国文化之旅"也在不断拓宽宣传途径，2012"BMW 中国文化之旅"加大了参与的广度，积极邀请各界的有识之士一路随行，努力唤起全社会更多人保护非物质文化遗产的自觉意识。

2013 年初，宝马携手中国艺术研究院（中国非物质文化遗产保护中心），共同举办 2012"BMW 中国文化之旅"成果展，向公众综合呈现四条文化路线上的民俗风情与文化遗产精华，增强全社会对我国非物质文化遗产保护的自觉意识。在展览上，宝马以实物展品、图片及视频等多种形式，集中展出车队在沿途所收集的各类宝贵资料与作品，与此同时，成果展还邀请了部分非物质文化遗产项目的传承人到现场进行技艺表演。成果展不仅用丰富的声音、影像、实物和文字资料为公众再现了一幅瑰丽的中华文化长卷，而且通过现场的展演和亲身参与使公众更加直观地感受这些文化瑰宝的魅力，更深刻地了解其所承载的文化内涵。

四、索尼——用质量和服务赢得信誉

索尼公司成立于 1946 年，总部位于日本东京，是世界上民用以及专业视听产品、游戏产品、通信产品、核心部件和信息技术等领域的先导之一，同时以在音乐、影视、电脑娱乐以及在线业务方面的成就成为全球领先的电子和娱乐公司。

索尼公司现已在全球 140 多个国家和地区建立了分公司和工厂，拥有超过 140000 名员工，集团约 70% 的销售来自日本以外的市场。索尼的电子业务涉及家用视听产品、数码影像、个人电脑、个人音频产品、专业广播电视器材以及电子零部件和其他领域，数以亿计的索尼用户遍布全球各地。2012 财年销售收入为 723 亿美元。

（一）严格的公司治理——合规管理

企业在"走出去"的过程中，面临当地法律和道德的双重约束。法律层面的约束是较低的层面，企业需要遵守当地的法律法规，不做违法违规之事。道德层面的约束是较高的层面，企业需要尽量满足当地的道德要求，但是不排除某些行为会受到道德方面的质疑。企业要想树立良好的形象，最好的方式就是将相关的法律、法规和道德标准融入企业内部制度，建立完善的合规管理体系。

商业道德标准以及合规管理是索尼企业文化的基石，索尼严格恪守所在国家和地区运营所应遵循的法律法规，并在商业活动中执行公司治理和商业道德的最高标准。索尼于 2001 年成立合规部门，负责管理日常相关工作，以强调商业道德与合规融入相关法律、法规和内部制度的重要性。合规部门同时在索尼集团建立了合规制度和架构。索尼集团所有董事、高级职员和普通雇员均严格遵守《索尼集团行为规范准则》，该准则从企业社会责任履行以及公平、公正地开展业务的观点出发，包含了基本原则、尊重人权、正直公平地开展业务和个人职业道德四大部分的 24 条规定。若任何人违反准则内的行为，将根据人员所在各公司的从业准则、公司内部规章进行相应处罚。它建立起道德规范与合规计划的监督，包括自我评估报告、合规审计、内部审计以及监管热线等。索尼针对《索尼集团行为规范准则》、合规监管体系、反行贿、信息安全以及个人信息管理等方面均开展定期培训，以保证各方面政策有效落实，使道德和合规意识融入员工的日常工作。尤其是索尼管理层以身作则、严于律己的态度，更有助于索尼孕育优秀的企业文化。2012 财年间，索尼（中国）开展了现场合规培训、反腐败培训、反垄断培训，共计 452 人次参加。

> 企业要想树立良好的形象，最好的方式就是将当地的法律、法规和道德标准融入企业内部制度，建立完善的合规管理体系。

表 5-2　《索尼集团行为准则》主要内容

基本原则	遵守法律法规、内部规章、诚实原则及商业道德
	尊重多样性
	违规举报
尊重人权	就业机会平等
	禁止强迫劳动、使用童工
	完善的劳动和就业制度
	工作环境
正直、公平地开展业务	产品和服务安全
	公平竞争
	个人信息保护
	知识产权保护
个人职业道德	无内幕交易
	妥善处理个人利益冲突

（二）明确的产品责任

1. 产品质量与客户服务

产品质量与服务是企业的生命线，也是最根本的民间外交之道。以高质量的产品和服务赢取人心，比打广告、做宣传有效得多。对于普通的消费者来讲，企业不善沟通、不会做民间外交可能还会被理解，但是超低的性价比、恶劣的客户服务却是很难被原谅的。企业应该以提供优质产品和服务、以客户为本的产品和服务为宗旨，努力去改善质量管理体系、提升产品质量，并充分满足消费者需求，为所经营范围内的国家和地区提供超出预期的产品和服务。

> 对于普通的消费者来讲，企业不善沟通、不会做民间外交可能还会被理解，但是超低的性价比、恶劣的客户服务却是很难被原谅的。

随着数码和网络技术的发展与盛行，电子产品逐渐趋于多功能化，因此，索尼将实用性和普及性视为产品质量的考量基础，并持续努力为更多人提供高品质产品和服务。索尼将有效的质量管理措施融入产品研发、生产、销售至服务领域的整个过程，开展持续改善，以完善的管理框架确保良好的质量管理表现。具体来讲，索尼通过建立各个部门协作的产品质量管理体系，力求迅速应对市场变化，提供超越顾客期待的产品。如定期召开品质战略会议和质量专员会议，为制定措施、讨论提升质量的相关决策以及达成应对方案形成良好的沟通机制。全球的管理层、质量专员和客户服务专员共同参与会议以改善质量相关的措施。以上海索广映像有限公司为例，该公司在内部质量管理中贯彻 ISO 标准，严格遵守索尼质量管理规则，从 5W1H（Why, What, When, Where, Who, How）的角度分析原因，以改进产品品质。产品投放到市场后的不良反馈也得到公司的重视，它们会通过内部维修服务网站的信息中心收集国内市场维修站点的故障信息，进行数据整理后并分析归类，将品质不良的信息和问题横向展开，以改进产品或其他同类产品的品质。

> 中国企业将业务扩展到海外地区，没有当地企业和产品的"主场优势"，过硬的产品质量和客户服务就成为企业打开、占领、扩大当地市场的重要手段。

消费者和客户是企业最重要的利益相关方，企业需要从客户视角出发，考虑如何提升全球范围内的客户满意度。1963 年，索尼在日本建立了第一个客户信息中心，随后扩大职能以回应全球范围内的客户需求。索尼为确保高速有效地解决客户问题，为客户服务部门的员工提供持续的培训，还会通过网络和多元化的社会媒体平台定期与客户直接交流。目前，索尼全球一共有 5300 个客户服务网点，包括售后服务和指定维修站，以便于对客户的要求做出快速回应。索尼一直努力降低维修时间、缩减维修价格和申请程序，以提升客户满意度。

此外，索尼通过邀请接受过索尼服务的最终用户对服务进行打分，以此衡量用户对于服务的满意程度及发现用户新的需求。2012 财年，共有 41267 名用户参与打分，其中的 70% 给予了 9~10 分的好评。索尼对于 0~6 分的"贬低型"用户开展及时跟进，发掘问题点并加以改善。通过这样的项目，在第一时间发现并解决问题，满足用户新的服务需求。

在客户信息管理方面，索尼有一套特有的流程："收集—保管—

使用—销毁。"对任何需使用客户信息的项目严格按照"信息使用申请—审批—信息销毁—项目审计"的步骤加强客户信息管理。在信息安全培训方面，通过信息安全培训提高员工对客户信息保密的合规意识。此外，索尼还采取了多种信息保护措施，对所有公司信息安全系统定期进行检查，并在第一时间对漏洞点测试中发现的问题进行修补。

索尼改善产品质量和服务的做法不一定适用于所有的企业，但却可以从这样的事例中看到良好的产品和服务对公司的重要作用，看到索尼为改善产品所做出的不懈努力。中国企业将业务扩展到海外地区，没有当地公司和企业的"主场优势"，过硬的产品质量和客户服务就成为企业打开、占领、扩大当地市场的重要手段。

2. 供应链管理

在经营中采取对环境和社会负责的态度，是任何一个企业都应该努力做到的。为推进电子行业中存在的供应链问题的解决，索尼与供应商和分包商密切合作，尤其在原材料和零部件的采购中涉及人权问题、劳工问题、健康与安全以及环保问题时采取积极对话，并通过加入电子产业行为准则（EICC）和全球电子可持续性倡议（GeSI）探索解决方案。

（1）无冲突矿产。

索尼推行无冲突矿产化的政策，规定在采购中禁止购买源于冲突矿产的产品、部件和材料，并要求供应商的原材料来源符合EICC/GeSI的无冲突冶炼厂计划（CFS）。为确保该政策的推进，索尼公司已于2011年对选定的产品类别进行调查，并在2013年根据矿物质责任供应链经济合作与发展组织（OECD）尽职调查指南，对四种指定的矿产进行溯源调查，保证供应链中的无冲突矿物质使用。另外，索尼还积极与EICC及其他致力于解决冲突矿产议题的行业组织、联盟合作，并加入公共和私营部门责任矿产贸易联盟。

该联盟以美国为主导，由政府、企业和非政府组织组成，致力于支持中非五大湖地区的责任矿产贸易。

> 冲突矿产：指在刚果（金）共和国及其周边国家和地区的采矿活动中导致的武装冲突令该地区长期不稳定，诸如将钽、锡、金和钨的开采所得用来资助武装叛乱活动，由此将开采和销售过程中产生严重的人权和环境问题的四种金属矿物质称为 "冲突矿产"。

（2）纸采购。

由于纸资源有限，索尼一直致力于减少办公室用纸量，并限制产品说明书的页数。同时考虑到非法伐木对生物多样性造成的损害，索尼采取负责任的木料与纸质品采购举措。根据索尼纸质和印刷原材料购买政策，在购买纸质原材料时，索尼将环境保护纳入决策过程。索尼采购纸的来源必须是经过责任管理认证的森林，不仅要确定森林的合规管理，而且还会推动 FSC 认证的纸制品在年度报告、日历以及名片等公司打印材料中的使用。

> FSC 指森林管理委员会，基于可持续发展等方面标准审核的森林管理体系。

（3）供应商管理制度和行为准则。

索尼于 2004 年开始参与电子产业行为准则（EICC）的制定，旨在通过遵守电子行业全球统一准则以提高电子行业供应链的生存条件。2005 年，索尼使用《索尼供应商行为规范准则》，以电子产业行为准则所提供的最佳案例为基础，期待所有供应商严格遵守这一准则的规定。索尼不仅要求供应商严格遵守《索尼供应商行为规范准则》，包括确保其工作环境的安全、尊重职员、制造过程符合环保要求，还开发并引入了与其他同行共享的 "责任采购" 框架，即对供应商进行包括遵守劳动、安全卫生、环境、商业道德、人权的评估与审核等方面在内的责任管理。在索尼（中国）实施采购时，责任评估不合格的新供应商将不予导入；更新评估时，索尼（中国）对不符合要求的供应商进行改善指导、追加监察等措施直至符合要求，否则不予采购。

（4）绿色伙伴认证制度。

致力于源头生产活动的环境管理，索尼集团于2002年启动了"绿色伙伴"环境质量认证项目，并于2006年引入中国，对供应商产品质量进行认证。针对此认证制度，索尼（中国）设计了风险评估表和绿色伙伴监察表，并与其他八家大型同行企业联合，形成共同标准，相互承认，认证通过后方可进行采购。"绿色伙伴"从生产及采购阶段开始实施源头管理，贯穿整个生产线，直至商品仓储和出库，确保索尼推向市场的产品均为符合环境标准的高质量产品。索尼集团制定的绿色采购标准对整个产业的可持续发展做出了积极的贡献。"绿色合作伙伴"产品符合国际上最严格、最先进的环保要求，不仅有利于推动这些企业开展国际业务，也带动了本土企业环保标准的提高。

在这些案例中，每个企业开展民间外交活动的指导思想、侧重点、方式不尽相同。SK的民间外交活动丰富多样，涉及教育、环保、赈灾、志愿服务等众多领域，不仅集团在大力开展民间外交活动，各成员公司也推出了各具特点的项目，"幸福的参与、幸福的相生、幸福的变化"思想已经渗透到每个员工的血液当中。但是，独特的理念及多样的活动对于开展民间外交是不够的，活动的透明、实时更新的网络平台、无障碍的沟通在塑造良好形象的过程中会起到事半功倍的效果。

相比于SK，宝洁公司把注意力更多地放到环境保护上。宝洁公司生产的日化用品占据巨大市场。因此，如果产品本身会对环境产生破坏（如不可降解的塑料瓶子、必须加温才能发挥最佳洗涤效果的洗涤剂），那么宝洁公司将会是一个巨大的"垃圾生产商"、"温室气体制造者"。因此，它选择从最擅长的领域入手，对自身的产品进行改进，保证每件产品从生产、消费到回收全程污染最小化。

宝马集团的民间外交活动侧重于为跨文化沟通搭建桥梁。"跨文化创新大奖"看似是一个普通的奖项，却激励着不同国家、民族、宗教之间人们的沟通和交流。这已经不仅仅是企业影响力的扩大，更为社会性问题的解决贡献了力量。但是，宝马集团案例给我们更大的启示或许还在于"企业如何融入所在国文化"，通过接触—体验—传承三个步骤从"外来者"变为"当地的一分子"。这样的模式是中国"走出去"的企业可以借鉴和复制的。

索尼通过产品质量和优质客户服务来赢得信誉，而这正是最根本的民间外交之道。索尼的做法不一定适用于所有企业，但我们却可以从这样的事例中看到良好的产品和服务对公司的重要作用，看到索尼为改善产品所做出的不懈努力。每个企业都可以根据自身的特点、所在的环境等选择不同的方式、不同的领域去开展民间外交。只要认真去做，就一定能够得到丰厚的回报。

第六章 结 论

> 路漫漫其修远兮，吾将上下而求索。
>
> ——屈原《离骚》

冠名好莱坞 TCL 中国大剧院，搭建中外影视

2013 年 1 月，好莱坞星光大道地标性建筑好莱坞中国大剧院更名为"好莱坞 TCL 中国大剧院"（TCL Chinese），TCL 高端科技体验馆（TCL Square 产品体验店）也同步开业。随后，TCL 与好莱坞合作，开展了一系列中外电影首映仪式的合作与营销，搭建了中外影视文化的交流平台，促进了中外文化的交流。

中兴通讯再次胜诉美国 337 调查案件

据海外媒体报道，2013 年 12 月 20 日，美国国际贸易委员会（ITC）就 Inter Digital 诉中兴通讯侵权一案做出最终裁定，判定中兴通讯没有违反 337 条款，未侵犯原告起诉七项中的六项专利权，原告另一项专利无效。这是在当下中国企业频遭专利困扰的环境下，中兴再度赢得胜诉。

本报告基于发展阶段论、竞争论和义利观，结合中国实际，构建出一套上市公司民间外交综合评价体系，从促进共同发展、

增进人民友谊、提高国家形象和维护国家利益四个方面评价企业民间外交发展水平。参考由中国上市公司企业联合会、中国上市公司发展研究院等联合评定的"2013 中国上市公司综合实力 100 强"，由中国企业联合会发布的"2013 中国 100 大跨国公司及跨国指数报告"，由财富中文网发布的"2013 中国企业 500 强榜单"，挑选出 50 家民间外交做得比较好的上市公司为重点研究对象，从《企业年报》、《社会责任报告》、《财务报告》、《可持续发展报告》、企业官方网站等公开渠道收集企业主动披露的信息，对这 50 家企业 2013 年的海外民间外交现状和信息披露水平进行了全方位的研究，形成中国上市公司民间外交 50 强（2013 年）。在研究过程中，我们发现，中国上市公司在民间外交的很多方面都有涉及，例如，援建基础设施、赞助文化交流、广施公益慈善等，并取得了很好的效果。但是，民间外交的整体水平仍然很低，企业在这方面的意识极为淡薄，指标得分平均仅为 47.47，50 强中仅有 11 家企业及格。并且发现，基建、建筑、家用电器、机械设备制造等行业处于相对领先地位，成为上榜公司中数量最多的行业；国有控股企业的民间外交指数要远远领先于民营上市企业。总体来看，我国上市公司的民间外交实践在曲折中前进，未来仍有很大的发展潜力。

一、所取得的成绩

2008 年金融危机爆发之后，整个世界都笼罩在危机的阴云之下，很多国家的跨国公司纷纷撤资。在这种环境下，我国企业对外投资仍然呈持续上升趋势。2012 年，对外直接投资净额达 878 亿美元，同比增长 17.6%，跻身世界前三甲。对外承包工程完成营业额与新签合同额分别为1165亿美元和1565亿美元，^①与2010年相比分别增长27%和10%。在海外投资的过程中，中资企业通过在所在国进行本土化发展、援建基础设施、赞助文化交流、广施公益慈善等，不仅宣传了我国的文化和价值观，提升了国家形象，同时对所在国的经济、社会、文化、环境等都产生了很多正面影响，这反过来又有助于公司在所在国稳定、持续地经营和发展。

（一）共赢——带动所在投资国经济和社会发展

近年来，我国对外直接投资快速发展，据商务部、国家统计局和国家外汇管理局最新发布的《中国对外直接投资统计公报》透露，2012年，中国对外直接投资遍布全球近八成国家和地区，投资存量5319.4亿美元，居世界第13位，投资范围涉及农、林、牧、渔业，电力、热力、燃气及水生产和供应业，批发和零售业，科学研究和技术服务业，建筑业等，这些行业对当地经济和社会生活影响颇大。截至2012年底，境外中国企业员工总数149.3万人，其中雇用外方员工70.9万人。中国企业通过对外投资与东道国实现互利共赢，共同发展，不仅提高了务实合作的层次和水平，还成为促进双边关系的重要推动力。许多中资企业在当地扎根后通过本土化采购、企业合作、雇员本地化、员工技能培训等做法，在增加与东道国的利益交汇上成果显著。中资企业的海外本土化行为，一方面有助于企业合理配置资源，节省材料运输和劳务成本，获得最大区位优势；另一方面带动了所在国经济和社会发展，提高了当地就业率，优化了就业质量，促进了东道国产业升级和自主发展能力。通过资源、能源合作，中国企业还帮助了东道国提高资源附加值，将资源优势转

---

① 国家统计局，《中国统计年鉴》（2013），http://www.stats.gov.cn/tjsj/ndsj/2013/indexch.htm。

化为发展动力。如中国与乍得和苏丹的能源合作项目，帮助两国提高了能源自给率，对促进其社会发展和提高人民生活水平产生了深刻影响。以下是两个很好的案例：

例如，中国石化 Addax 尼日利亚公司中的尼日利亚本地员工已达到员工总数的 93%，当地员工数以 100%～300% 的速度增长，承包商大部分是尼日利亚人，直接和间接地创造了众多就业机会，并且通过技术技能获取计划，在过去 9 年里向所在社区的 450 名成员传授了专业技能，帮助其凭借学到的一技之长实现了自主创业与就业，为了感谢 Addax 公司在尼日利亚当地发展中做出的努力，尼日利亚本土化发展与监督委员会向 Addax 公司特别授予了最佳贡献奖。

苏丹、南苏丹长期面临着粮食和水资源的极度短缺，许多中资企业便在当地兴建农业示范基地和棉花加工厂以及机械化农业基础设施等。进入南苏丹的中资企业 80% 涉及基础设施、建筑领域，中水电、中国铁建等国字号公司已经陆续开展业务，并向中国进出口银行推荐了一批大项目。在中水电的上阿特巴拉大坝项目上，项目营地上可容纳 2000 多人的板房被企业改成砖房，项目队伍撤走后能够让镇子上的居民居住，临时交通桥也被改为永久交通桥，这解决了居民过河需要绕上百公里的难题。

（二）沟通——加速我国与所在投资国的民间交流，增进相互间的理解和信任

在增进人民友谊方面，中国的公司往往通过提供员工的跨国交流，在驻扎地进行春节晚会和体育活动等方式，来增进民间交往，提升民间的好感。很多公司还会注意尊重当地人民的宗教信仰和风俗习惯，在工程施工过程中照顾到当地员工的不同需求，清真食堂、礼拜时间等都是值得鼓励的细节。此外，一些公司会组织员工参观当地博物馆、了解当地文化，与当地民众进行沟通和交流，这都是成本较低却十分有益于友好氛围构建的活动。在软实力越来越成为国家重要竞争力的当下，企业这种民间交流行为，以一种更加温和的方式和平民化的姿态，向世界传播了中国的文化和价值观，提高了我国的影响力。同时，了解当地文化也有助于企业更好地融入当地，减少文化冲突事件的发生。

例如，中石油注重在海外建立尊重、开放、包容、多元的文化氛围，倡导不同文化背景的员工尊重彼此的宗教信仰、风俗习惯和个人爱好，并增进相互了解。截至2013年底，累计举办跨文化沟通、团队建设及HSE管理各类培训班58期，培训当地员工2035人次，既提高了当地员工的技能水平和工作效率，又提升了他们对企业的认同感和归属感。中石油还十分注重推动和促进我国与所在投资国文化间的交流。2013年6月，由中国石油赞助译制的首部缅语配音中国电视连续剧《金太郎的幸福生活》在缅甸国家电视台MRTV频道开播，受到了当地居民的一致好评，丰富了他们的文化生活，增进了中缅文化的互动交流。

联想集团所启动的"联想女性领导力计划"（WILL），自成立以来一直致力于通过分享的方式汇集女性群体智慧，帮助女性互相扶持，共同成长，并致力于探讨在联想全球化过程中跨文化沟通的解决之道。

应安哥拉宽多省、马兰热省和罗安达省政府邀请，中国电力建设股份有限公司于2013年11月主办了"中—安文化交流活动"，活动开幕式暨吴桥杂技大世界在安哥拉首演大获成功。此次活动受到了当地政府、民众及媒体的高度关注，有助于中安人民之间的相互理解和信任。

中国机械设备工程股份有限公司在走向国际化的进程中特别注重与工程项目所在国的文体交流，2013年，由其承办的"CMEC杯白俄罗斯华人友谊体育比赛"在白俄罗斯国立工业大学体育馆进行，吸引了白俄罗斯众多院校学生和广大留白学生的积极参与，增进了中白两国学生之间的友谊和相互交流。

缅甸是一个佛教国家，当地居民都非常信奉佛教，缅甸传统的光明节是缅甸民众为寺庙捐赠的隆重日子，中国电力建设股份有限公司缅甸莱比塘采矿项目部中方员工积极参与了缅籍员工组织的捐赠活动，与缅籍员工共同为原矿区搬迁寺庙及僧侣捐赠善款及物品，共计价值约 400 万缅币。活动受到业主万宝铜业集团及缅甸经控集团的赞赏和支持，并倡议在矿区作业的中方企业经常参与此类活动，以增进铜矿项目中缅员工的友谊，促进项目在和谐、友好的环境中持续发展。

（三）行善——广施公益慈善，提升中国国家形象

中资企业在海外的公益活动主要涉及五个方面：救助自然灾害、兴建公益设施、扶危济贫救困、支持教育文化、援助医疗卫生。通过参与公益事业，改善所在投资国人民生活以及保护当地环境，中国公司在力所能及的范围内，义务为当地改善基础设施、医疗、教育等方面的落后状况，极大地提升了中国在海外的国家形象。

在援助自然灾害方面，2013 年 8 月上旬，强烈的季风降雨诱发了从巴基斯坦北部到南部城市卡拉奇的骤发洪水。一些中资企业在本身也受到灾害影响的情况下，依然向灾区提供了帐篷、粮食、药品、口罩等救援物资，有的企业还邀请灾区青年访华，以此向巴基斯坦人民表达同情和爱心。

在公益设施方面，中资企业经常在当地援建医院、学校，并无偿捐赠体育建材、通信设备、医疗器械等。中铝在取得了秘鲁特罗莫克矿产开采权之后，于 2008 年投资 5000 万美元设计和建立了Kingsmill 隧道污水处理厂，该污水处理厂已于 2010 年末正式投入使用，为当地带去了洁净的饮用水，通过污水处理厂的建立，中铝

很快融入了当地社区，获得了当地民众的信任。

在济贫救困方面，中国水电集团在博茨瓦纳，先后为贫困家庭、艾滋病防治组织和孤儿救助中心等提供赞助；安徽外经建设有限公司从 2010 年开始与北京同仁医院、海南航空集团一起，在津巴布韦、马拉维和莫桑比克等国开展"中非光明行"活动，出资购买人工晶体，为上千名失明的非洲白内障患者免费实施复明手术。

在教育文化方面，中资企业在国际化进程中为当地的教育文化事业做出了相当大的努力。截至 2013 年底，中石油在缅甸累计援建 45 所中小学校，为 1.9 万多名学生改善了教学条件。中国石化关注项目所在国的文化教育事业，在安哥拉与合作伙伴发起"Petro Atletico Huambo"社会责任项目，为万博省弱势儿童和青少年提供更多平等受教育的机会。包括为适龄入学儿童修建寄宿制学校，对现有学校进行维护并提供学习用品，同时为部分社区学校安装宽带互联网，对实验室进行升级，拓展学生视野，提高当地教育质量。针对部分成绩优秀，但由于家庭经济原因无法入读大学或无法完成学业的学生，不仅提供奖学金以及给予生活补助，还为学生提供心理与情感援助，创造了更好的学习、生活环境。此外，中国水电集团在安哥拉共建设及修复学校 25 所，其中农学院 3 所、理工学院 6 所、金融学院 1 所、培训中心 1 所、中学 8 所，分布在安哥拉 9 个省份，可同时容纳近 2 万名学生就读。

在医疗卫生方面，海外的中资企业致力于解决社区就医难的问题，受到国际社会各界的肯定和赞扬。中国水电集团在安哥拉共修复建设 4 所省级医院、7 所市级医院和 9 个健康中心，这构成了安哥拉战后几年整个国家的医疗卫生基础，极大地改善了当地的医疗卫生状况。

中国水电赞助国际青少年马拉松赛

2013 年 12 月 1 日，由国际青年联合会举办，中国水电赞助的肯尼亚基苏木国际青少年马拉松赛正式开跑。比赛吸引了来自肯尼亚、坦桑尼亚、乌干达、韩国、日本、泰国等国家的数百名青少年选手。中国水电除了在赛前给大赛提供资金支持外，还安排人员协助筹备比赛，包括协助布置比赛场地，保障比赛线路安全等。这既推动了肯尼亚及其他国家青少年体育的发展，又展示了中国水电的良好形象。

（四）维权——应对国际诉讼，参与跨国并购，提升中国国际话语权

近年来，中国公司在应对国际诉讼方面已经有所进步。中兴集团曾经三个月连续三次赢得号称"最严厉贸易限制措施"的美国 337 调查终裁胜诉，在这次诉讼中，中兴集团内部从技术、商务、法律及品牌、证券等多个部门抽调一系列人才，组成 337 调查应诉团队，又聘请了有丰富 ITC 诉讼经验的律所，准备各种抗辩反击的方案，除了积极进行应诉抗辩、主动反击外，也开始寻求与其他共同被告进行深度联合，在应诉策略和资源分配上进行合作，这些策略值得借鉴。此外，中兴集团通过与当地公司建构双赢的合作方式，不仅在美国顺利站稳脚跟，并且实现了高速增长，这为中国企业在海外扩展提供了有益的借鉴。

在跨国并购方面，随着中国经济的迅猛增长，以及国际竞争的日益激烈，"走出去"已经成为中国很多大企业的战略目标，海外并购高峰来临，不管是国企还是民企，在 2013 年都加快了海外并购步伐，在并购规模、行业、领域以及参与主体上各有特色。2013 年 3 月，中石油集团以约 255 亿元人民币 (42 亿美元) 收购意大利石油集团埃尼运营的关键区块 20% 权益，是中国对海外天然气田最大的一笔投资；11 月，中石油以约 158 亿元人民币 (26

亿美元)收购西能源秘鲁公司的全部股份。2013年5月29日，双汇国际和美国史密斯菲尔德食品公司就收购史密斯菲尔德已发行的全部股份达成协议，收购价格约432亿元人民币(71亿美元)。2013年5月17日，国家电网与新加坡电力公司(Singapore Power International)签署协议，出资约364.8亿元人民币(60亿美元)收购新加坡电力公司子公司澳大利亚Jemena公司60%的股权和澳大利亚新能源澳洲网络19.1%的股份。此笔收购将进一步优化国家电网公司海外资产组合，持续提升公司在国际上的影响力和竞争力。作为中国信息通信行业的领军企业，联想积极扩展国际市场，发展全球个人电脑业务。继与NEC成立合资公司且全面运营后，2011年8月2日，联想收购德国Medion公司并持有其51%以上股份，自此，联想在日本市场和西欧市场的份额均大幅增长，进一步增强了在成熟市场的竞争力。2011~2012财年，联想成为日本最大个人电脑厂商，首次成为印度最大个人电脑厂商，俄罗斯第三大个人电脑厂商，全球新兴市场发展表现强劲。2013年2月8日，联想集团被亚洲著名财经杂志《财资》(The Asset)评选为2012年国际企业界最具潜力中国企业之一。此项荣誉肯定了联想在国际领域及海外市场的卓越表现。

二、存在的问题和不足之处

虽然在民间外交的各个方面，我国企业，特别是大中型上市公司都有所涉及，且取得了一定成绩。但企业在走出去的过程中，普遍存在不愿做民间外交，不会做民间外交，单枪匹马做民间外交的问题。同时，在民间外交的具体实践中，企业也表现出很多不足之处。由于缺乏民间外交发展的整体战略规划，各企业间也缺乏在民间外交上的互动与合作，再加上第一批"走出去"的企业没有这方面的经验，完全是"摸着石头过河"，因此与 SK、宝洁、宝马等跨国公关做得特别突出的企业相比，我国企业的民间外交整体水平仍然很低。

（一）存在的问题

1. 意识弱——国家是国家，企业是企业

目前，我国对外投资的主体除了国有企业，还有大量的民营企业，在走出去的过程中这些企业为东道国的经济发展和地方建设发挥了重要作用。但是，也出现了一些违法经营、不守信用、只顾埋头赚钱而无视社会责任的不良现象，以致留下了种种隐患，最终自酿苦酒，甚至影响了国家声誉。有的企业虽然能够合规经营，也会搞一些慈善活动，以示自己履行社会责任，但是并未将此与国家联系起来，更没有什么民间外交的观念。出现这些问题的原因是多方面的，从根本上说可归因于缺乏国家意识和全局视野。企业不仅是一个以盈利为目的的经济行为体，从身份上讲还具有国家属性。在企业进入某个投资国时，更是成为中国的经济外交使节，代表着整个国家。因此，无论是在合同谈判、合同实施和后期服务方面，都应表现出中国作为负责任大国的风范。只有这样，才能得到投资国的信赖和认同，以获得更多的合作机会，有利于中国企业可持续发展战略目标的实现，为后来企业架桥铺路。

然而，一些企业在走出去的时候只注意到了自己的经济身份，忘了自身的国家属性，认为外交只是国家的事情，民间外交更是能免则免。在海外投资的经营行为中目光短浅，不为后来企业着想，出现了很多既损自身，又损国家利益的行为，具体来说主要有以下几个方面：第一，违法经营，无视当地法律法规。集中表现在商业贿赂和漠视劳工权利、偷税漏税、违反产品质量法律法规等。第二，缺乏商业诚信。出现不遵守合同条款，工程项目虎头蛇尾，制造豆腐渣工程等现象。第三，缺乏企业社会责任意识。企业社会责任虽然已经成为国际商业社会一条通行且重要的游戏规则，但在中国，其认知度还远远不够。部分企业只是将社会责任理解为简单的捐助行为或是作秀的公关策略，远不及国外企业那样把社会责任看成是增强竞争力的有效途径。

2. 技能低——有了金刚钻，揽不了瓷器活

中资企业是民间外交的重要主体，拥有进行民间外交的特殊优势。从企业的实力、声誉，到企业海外运营过程中的资源利用、环境保护、劳动力雇用、跨文化管理等每一个环节，直至企业家个人的风采，都是企业向世界展示自己、展示中国的生动语言。如果对既有资源运用得当，运营过程中的诸多资源和契机均可成为民间外交的平台，而不会凭空增加企业的运营成本。然而，中国企业"走出去"从总体上看还是处于初级阶段，对国际市场缺乏深入的认知和全面的把握，对于国际惯例通行规则还不够熟悉，也不太善于在当地开展民间外交。

与一些知名的跨国公司相比，中国企业在民间外交的实践方面还不能很好地运用自身优势，主要表现在：第一，没有长期的民间外交战略规划。由于缺乏国家归属和民间外交意识，企业在海外经营中往往专注于自身的投资经营活动，在民间外交方面疏于履行当地的社会责任和义务，不善于和东道国政府、议会、工会、媒体、环保组织、公众等利益相关方进行沟通。有的企业即使偶尔进行了一些民间外交实践，也并未意识到自身的行为属于民间外交范畴，只是简单地将其视为公关活动，并未制定长期系统的民间外交战略。第二，缺乏管理民间外交的专门机构。调查发现，很多上市公司都没有专门的管理或者实施民间外交活动的机构组织，甚至常规的公关活动或者社会责任活动也没有专门的机构负责。虽然少数大型国

有控股企业设置有外事部、文化部、公关部或者外联部，但这些部门远不是民间外交的全部。第三，缺乏实践民间外交的具体技巧。民间外交其实也是个技术活，搞得好事半功倍，搞不好弄巧成拙。例如，在面对媒体的误解和质疑时，一些中资企业往往选择沉默，认为事实胜于雄辩，而不去主动地披露真实情况。更有甚者，认为花钱就能了事，于是花钱贿赂媒体，结果可想而知。

3. 支持少——兵马已动，粮草未至

对于以盈利为目标的企业来说，最具持久效应的，是内化于企业生产运营过程本身、与企业目标协调一致的民间外交行为。如何以最小的投入来获得企业与国家的双赢，如何将企业的公共关系与民间外交有机结合，是摆在我们面前的重要议题。在中国民间外交事业相关激励机制尚未成熟的情况下，要使得企业成为民间外交生力军中长久、高效的参与者，离不开内外因的共同作用，不仅需要企业在观念和行动上积极响应，而且也离不开政府和社会各界的密切配合，以帮助企业提高公共外交的能力，使其在国际舞台上能够讲好自己的故事、中国的故事。

近年来，我国政府对于企业在海外的行为越来越重视，并出台了相关的法律法规进行规范，如《中央企业境外投资监督管理暂行办法》、《境外投资管理办法》等，各驻外使馆网站上也会挂出所在国投资的一些注意事项。然而，在企业的海外投资，特别是企业海外民间外交及社会责任的实践方面，政府的支持力度仍然不足。首先就法律而言，我国目前还没有专门的文件明确要求企业实施海外民间外交，现有的法律只是对企业的海外经营行为做出了一些基本的规范，号召企业依法经营，遵守当地法律法规。其次就税收政策而言，政府对中资企业的减免幅度很小，而且多数优惠只是为了避免双重征税。对于企业的海外民间外交支出也没有相应的补贴。而国外政府在不同程度上都会为企业提供贷款或减免税收的优惠政

策。对于企业履行社会责任的部分，有的国家收税时还会扣除企业一定的慈善支出，并给予大量的环保补贴。再次从机构设置上看，中国目前还没有一个权威性的综合协调管理机构来进行企业民间外交的宏观协调和统一规划，商务部只是在企业海外投资的登记、注册、审批方面提供服务，并给予一定的信息指导，如《对外投资合作国别（地区）指南》、《对外投资国别产业导向目录》等。最后就政府的服务机制而言，国家还没有设立相关的海外投资信息服务机构。在收集海外企业的信息方面，职责不明确、分工未协调到位、驻外使馆所提供的服务也非常有限。同时也没有尝试去构建已"走出去"或将要"走出去"的国内企业的信息交流平台，致使企业过分依赖海外中介机构。

（二）存在的不足

1. 对所在投资国的风俗习惯融入不足

中资企业在海外投资拓展中的摩擦主要发生在民间，并没有掺杂当地政府的行为，主要不是由于政治方面的冲突，而多是跨文化方面的冲突，由于英语语言、基督教、西方式的教育、娱乐、组织结构等原因，这些国家的民众与中资企业在思想文化方面的交流很少，各自的价值观、信仰、性格、习惯乃至生活方式都不同。中国企业在跨文化经营中习惯于"自我参照"，根据自身文化的个性和价值观念去解释或判断其他一切群体的行为，从而导致了文化冲突，严重时会转为人际冲突，甚至上升为国家冲突。与国外企业相比，中国企业考虑更多的是经济层面，而往往对文化层面的重视程度不够，特别是对目标国的投资或者合作机构的文化背景不甚了解。例如，许多中国企业家重视体现自己的学识和风度，讲究"见面三分情"，凡是出席谈判、宴请、舞会等，遇见人不管对方是男士还是

女士，总是主动伸出手同对方紧紧相握，热情问候，但是，在非洲
是不能主动同女士握手的，很多人因此错失商机。还有的企业家同
非洲商人交往时，只是聊上一会儿天，吃上一顿饭，感觉对方"诚
实热情"，便将对方视为"铁哥们儿"，签订合同时碍于朋友面子，
不认真考察、了解对方的经济实力、财务状况、商业信誉等，导致
最后受骗上当。在埃塞俄比亚，马、驴子、狗、骆驼、鸟类都不能
食用，而中国人的习惯是天上飞的、地上走的，无所不食。曾经有
家中国公司把一头撞死的驴拉回来炖吃了，遭到当地几百名老百姓
的围攻，后来那家公司给政府道歉赔钱才算了事。文化差异往往还
带来管理理念和行为的不同，在实践中，我国的部分企业非常易于
将一些不良的文化习惯延伸到国外使用。如我国一些企业在拉美与
工人、工会发生争执之后，往往并不通过合法手段予以积极合理解
决，而是采取贿赂收买工会头目等违法方式处理，易造成无穷遗患，
最终致使问题升级。再如，在非洲赞比亚，中国企业管理人员枪击
当地员工的事例，被国际媒体广泛报道，影响极坏。我国要减小在
对外直接投资中的风险，必须培养良好的国际文化沟通和交流能力，
了解投资东道国的商务实践和习惯，学会按照它们的思维和行为方
式来处理问题。因此，在进行对外投资中，我们应该增强跨文化沟
通的敏感性，识别文化差异，加强文化认同，使企业更好地融入当
地社会。

2. 海外公益慈善的长远战略规划制定不足

中国企业是国际市场的后来者，在海外公益慈善的实践方面还
很不成熟，这集中表现在企业的海外公益慈善缺乏长远的战略规划。
首先是对海外公益的定位不清楚。很多企业认为公益慈善就是花钱，
只要出钱了就行。由于不熟悉当地的风俗习惯、语言、文化、法律
法规等，多数企业通常刻意规避与当地居民打交道，只将钱或物资
捐给当地政府，由政府来做善事。企业没有把公益项目与企业自身

产品和战略发展结合起来，也没有意识到如果对企业的公益行为广加宣传会提高居民对企业的好感和信任，因此，费了很大劲做好事却效果不佳，这反过来又会使企业对公益行为产生排斥，形成恶性循环。其次是缺乏管理公益慈善的组织机构。海外中资企业由于人员较少，几乎无专人用来管理公益活动。只有少数几家大的国企，如中石油、中石化具有公共关系或相关部门负责人。组织机构的不完善直接导致海外公益慈善缺乏科学的管理和规划，项目权责不明晰。而这又会引发第三个问题的出现：公益慈善项目运营不规范。大量的公益项目虎头蛇尾，例如企业援建的学校由于没有配套的师资力量和教学资料配备不完善而中断，企业对公益项目的资金需求估计不足，虽然投入大笔资金，仍然无法支撑公益项目的实施与运作。由于缺乏科学管理，企业在公益项目的选择上具有很大的随意性，缺乏明确的战略和全盘规划。无论是灾害救助、教育援助还是支持医疗卫生、社区发展，各中资企业的公益行动表现出同质性，形式单一，缺乏特色；开展的各项公益实践也基本都是短期行为，活动零散，缺乏延续性。在公益项目的执行上，缺乏评估，事后缺乏跟踪，常常都是一捐了之，严重制约了公益行动对受益方、企业的积极作用发挥。[①]

3. 企业公关能力差，品牌宣传不足

越来越多的中国企业可以走出国门、可以全球化，这可称得上是令国人振奋的现象，这样的例子现在已是举不胜举。高兴之余，还应该清醒地看到，走出国门的还只是产品、只是 LOGO，而能与全球消费者拉近心理距离的企业声誉和名望，却依然停留在国内，中国企业甚至在国外还会遭受舆论的明枪暗箭，中国企业的品牌国

① 钟宏武、张蒽、魏秀丽等：《中国国际社会责任与中资企业角色》，北京：中国社会科学出版社 2013 年版。

际化之路仍然艰辛重重，主要表现在内在的文化理念不同；缺乏长远的品牌战略和专门的公关机构；不善于与当地媒体进行接触。品牌国际化是一项复杂而细致的系统工作。宝洁、麦当劳、可口可乐……这一系列国际化品牌的背后，隐藏着一个复杂而高度协调的战略体系和运营支撑体系。从某种程度上看，这些品牌成功的国际化背后，是数十年准备的结果，相比而下，中国品牌的国际化，要显得仓促得多。仅从公关的角度来说，中国企业在海外媒体的宣传报道方面常常黯然失色，即使是上榜的民间外交 50 强，也只有少数几家拥有自己的外文宣传刊物，或者曾被外国媒体报道过，拥有长远品牌战略和专门公关机构的更是不到 1/3。长此以往，中资企业在国际市场中的竞争力将会极大受损，不利于后来企业的可持续发展。

4. 行业标准制定参与不足

标准竞争日益成为市场竞争的一个新特征，也是企业建立核心竞争优势的一个重要途径。国外众多领先企业已将标准竞争作为一种基本的竞争战略，并通过标准竞争建立其他方式难以获取的核心竞争力。例如 SK 集团，是韩国最大的移动通信运营商，1996 年，SK 在世界范围内首次成功实现了 CDMA 的商用，并获得了在世界首次推广 2.5 代 CDMA20001X 服务和 3 代同步方式 IMT-2000 等移动通信方面的成功，在韩国的市场占有率达到 50% 以上。SK 电讯拥有多项专利技术，在第三代通信技术 CDMA2000 和 WCDMA 领域拥有多项成熟的应用经验与技术。强大的核心技术优势使得 SK 在瞬息万变的国际市场中能够始终立于不败之地，成为全球领先企业。近年来，我国企业也逐渐认识到标准竞争的重要性，并开始在国内和国际领域参与到标准竞争中，但目前除了在中文编码、EVD 和第三代移动通信等领域略有成就以外，在多数领域的标准竞争中鲜有作为。一些国家和企业每每利用标准对中国企业设立各种壁垒。我国约有 60% 的出口企业遭遇过国外技术壁垒，每年由此造成直接和潜在的出口经济损失约500亿美元。在具有代表性的DVD行业，由于标准由国外企业所掌握，中国企业每年为此必须付出多达30亿元人民币的专利费，在巨额专利费的压榨下，国内企业已普遍停止传统DVD的出口，大批传统DVD的代工企业也纷纷倒闭。"三流的企业做产品，二流的企业做品牌，一流的企业做标准。"我国企业如果想在国际竞争中赢得主动权和优势地位，必须提高对行业标准的制定和修改能力。

三、做最适合自己的民间外交

发达国家的多数跨国公司在民间外交实践方面都有着自己独特的魅力，例如，宝洁公司从自身经营特点出发，在产品的环保运营方面大下功夫，成为环境友好型企业的典范。每个公司都有自己的经营范围，公司应该从自身实力和特点出发，在民间外交领域找到最合适的"突破口"。比如，对于基建和建筑类公司来说，安全生产、可靠的建筑质量显然比新颖的广告宣传更有价值，而这些公司在海外有较长的施工周期，需要更多地与当地民众打交道，为当地的基础设施建设做点贡献，如打水井、修沟渠、硬化道路等，或是组织一些文艺演出、友谊赛等社区活动，都属于是花费少而见效快的举动；对于计算机和通信行业来说，技术创新就是生命线，公司在技术交流与研发方面皆大有可为，既可以通过技术援助来促进当地发展，也可以通过合作研发来提升自身实力，增强国际竞争力；贸易类公司的重点则应放在加强品牌意识上，努力摆脱中国产品"廉价"的标签，比如可以通过对中国文化和价值观的宣扬来增强自身特色，也可以通过开展与自身领域相关的公益活动来提升国家形象；能源矿产类公司的海外发展对于我国的整体战略十分重要，而其行业特点又使得这些公司极易遭受政治风险，公共关系、风险规避成为这些公司最应该注意的部分。总之，不同的公司应该有不同民间外交的侧重领域，中国上市公司提出统一的具体行为指南是不可行的，但是，通过对我国上市公司进行总体考察，的确暴露出了一些通病，针对这些问题，提出以下建议：

1. 更好地融入当地社会

如果中资企业要保持其在海外经贸投资的持久发展，就需要和当地国家以及社会的利益共融，不仅为自己负责，还要为当地的人文社会环境负责，而能否与当地的文化体系相融合是中资企业跨国经营成功的关键所在。因此，中资企业应以强化跨文化管理作为思路切入点，结合各自企业特点和市场需求，努力探索新的海外合作途径和方式。在海外经营中，中国企业不能照搬国内经验，要遵守当地法律法规，尊重、适应当地风俗习惯，按照当地文化习惯处理社会责任问题。要主动了解文化差异，通过跨文化培训等方式，以加强人们对不同文化传统的反应和适应能力，促进不同文化背景的人之间的沟通和理解，以减少跨文化冲突，使企业更好地本地化。这就需要中资企业在海外努力建构良好的公共关系，积极融入当地社会中去，真正做到在环境保护、当地社区稳定、商业诚信、社区公益、慈善活动等方面积极作为，做一个融入当地社区的"企业公民"，力争公司效益和社区发展双赢。同时还要充分运用中华文化宝贵资源，结合所在国的文化特点，培育特色鲜明的企业文化，开展多种形式的文化交流，树立中国企业、中国产品的文化标识和良好形象。

2. 民间外交不能仅靠捐钱了事

很多人一提起民间外交就想到了对外援助，好像只要无偿地赠送钱财物资，就可以与其他国家的政府和民众建立友好关系，就可以改善我国的国际形象，今天，世界各国的联系如此紧密；文化、经济制度相互影响，人们的需求也多种多样，这样简单直接的办法显然已经不合时宜了。参照大型跨国公司的在华活动，我们可以看到，这些公司其实很少有巨额的慈善捐助，但它们所开展的活动比较多样，效果甚至胜过直接的金钱捐助。比如，欧莱雅（中国）有限公司参与发起"中国青年女科学家奖"活动，表彰优秀青年女科学家，号召更多女性投身科学，为女性事业发展做出贡献，其研发和创新中心建立了全方位的研发平台，与中华医学会等本土科研机构紧密合作，推动毛发、皮肤相关领域的基础研究；韩国 SK 集团赞助的"SK状元榜"已经延续了十多年，这是一档知识竞赛擂台节目，起源于 SK 集团在韩国连续赞助长达 39 年的"最长寿"青少年知识竞赛节目——"奖学 QUIZ"，自 2001 年起，SK 集团每年邀请在中、韩两个知识竞赛中获奖的优秀青少年，参加 SK 中韩青少年交流营，每一期的交流营都设有主题，使两国青少年有机会共同体验中韩的不同文化。这些活动事实上比捐款更能体现民间外交的价值，它们直接参与了东道国的科技发展，直接促进了民众间的交流与互动。在今后的民间外交实践中，我国上市公司应该依据自身经营优势，制定自己的民间外交发展战略，设置专门的民间外交抑或公共关系管理部门，管理、规划并实施有自身特点的民间外交活动。

3. 选择那些更能表达关切的项目

如果一个公司在海外拥有庞大的分支机构群，财力雄厚，雇员众多，又占据着行业领导者的地位，它本身的影响力就决定了其举动可能产生的影响，在民间外交领域显然将会是重要的参与者，有能力全方位地涉足民间外交各个领域，但它不是所有公司都能够效仿的对象。我们更为关注的是中国公司在现有规模上如何更有效地开展民间外交，如何最大限度地传达善意。显然，我们最需要开展的是这样的项目：一方面，项目最好与公司业务相关，这样可以充分利用公司现有资源；另一方面，项目不能局限于公司的经营活动，不要狭隘地将公益活动单纯当做广告宣传，而要借以表达中国公司对东道国民众由衷的关注。

一般而言，医疗与教育是比较适合的两个领域，比如诺华制药自 2003 年 9 月开始的格列卫患者援助项目，即 GIPAP 项目，至今已经十多年，逐步从一个患者援助项目扩大为三个患者援助项目，即格列卫患者援助项目（GIPAP）、达希纳患者援助项目（TIPAP）和恩瑞格患者援助项目（EXPAP），截至目前，该项目覆盖了全国30 个省、直辖市和自治区，诺华公司对上述三个患者援助项目在中国的捐助总额已经超过 150 亿元人民币，项目的成功实施使得成千上万的中国患者生命得以延续，生活质量得以提高，为广大患者带来了生命福音，该项目于 2009 年 4 月获得民政部 2009 年度"中华慈善奖"。所以说，在民间外交的实践中，我国企业必须根据自身实力，结合当地民情，选择利益重合最大的项目，实实在在地为当地谋利，避免出现吃力不讨好的情况。

4. 让别人知道你做了什么

中国的上市公司对自身海外行为的披露和介绍是对其民间外交影响进行考察的基本条件之一。继中钢集团在 2008 年发布了中国企业的首份社会责任国别报告《中钢集团可持续发展非洲报告》之后，中石油和中石化也陆续发布了《中国石油在苏丹》、《中国石油在印度尼西亚》、《中国石化在巴西》、《中国石化在非洲》等报告，这些报告详细介绍了中国公司在这些地区多年来的业务发展，为当地经济与社会的发展和进步做出的贡献，以及公司自身在生产安全、环境保护、职业健康、员工发展和回报社区方面所做的努力，对其他公司起到了良好的示范作用，对中国公司的形象塑造也起到了积极作用。但是，跟进的公司或企业数量并不理想，这种情况显然跟中国公司整体上的海外公益活动开展较少，民间外交意识淡薄有关，但我们仍然希望公司能有意识地在信息披露方面更为主动一些，即使海外业务不多，没有必要专门撰写国别报告，也应在社会责任报告或可持续发展报告、公司出版物和官方网站上尽可能披露，这种披露不仅对研究我国公司民间外交活动意义重大，更是公司本身形象宣传的有效手段。

当前，中资企业在海外面临的最大问题，就是沟通和宣传不足，从而导致中资企业的国际舆论压力非常大。以社会责任为例，2013 年，毕马威研究小组对中国企业海外履行社会责任情况做了梳理报告，调查了半年时间，发现负面案例在整个新闻报道中占了 63%，而正面案例只有 37%，应该说以负面为主，境外媒体对中国企业"走出去"不是那么友好。而我们企业在国内不太善于和媒体打交道，特别是我们的国有控股企业，在宣传时，宣传的目标都是在国内。今后，中资企业，特别是国有控股企业要进一步提高同媒体打交道的能力，善待媒体、善用媒体，主动同境外媒体加强联系、建立良好关系，多提供权威信息，多提供报道素材，多举行新闻发布、媒体联谊等活动，加深媒体对企业的了解。要妥善应对热点难点，及时准确、公开透明地发布信息，努力做好敏感问题、突发事件的舆论引导。

5. 化解海外风险需要多管齐下

在海外进行投资，特别是涉及水、电、能源等大型工程的时候，公司在前期往往需要垫付大额资金用于设备、原料采购，还涉及所在国的政治经济形势、相关法律法规和外汇管制等方面，在承担商业风险之余，往往还要承担政治风险，近几年发生的苏丹分裂和叙利亚内战等事件更是提醒我们政治风险不容小觑。所以，中国的公司需要对将要开展的项目建立一套风险评估和决策机制，在"走出去"之前，就要考虑在所在国可能遭遇的政局变化、战争、冲突等政治风险，并且可以考虑通过保险进行化解。2011 年初，利比亚局势发生动荡，中国企业人员虽然安全撤离，但有大量财产和资金滞留当地。据新华社报道，中国企业在利比亚承包的工程项目涉及合同金额 188 亿美元，但后来获得的保险赔付不足 4 亿元人民币，很大程度上与企业不熟悉保险工具有关。比如，部分企业投了工程险，但战争是工程险的除外责任。许多企业没有想到，除了商业保险外，还有政策性的保险可以承担战争导致的经济损失。除此之外，海外企业加强内部安全防护措施和力度，要制订应急预案，对员工进行安全培训和演习，施工现场营地采取必要的安全保护措施等也是十分重要的。

6.重视"外援"的作用

相对于国外的大型跨国公司，中国的上市公司在国际化经营、跨文化管理、公共关系管理上都存在不小的差距。不过，随着中国公司自身不断的成长和海外事业的扩展，发展战略和策略的日臻成熟，对其中的很多问题我们已经学会了如何解决，但在涉及文化领域和公关事务上，中国公司总显得力不从心，比如中国公司未能成功并购的案件往往伴随着公关不利，并购后的高级人才流失现象意味着跨文化管理的缺陷，反倾销诉讼和 337 调查的败诉率极高，危机事件没有得到妥善解决，进而损害公司和国家形象的事件也层出不穷。在这样的情况下，专业的文化顾问、法律事务顾问和公关公司成为非常重要的"外援"，好的顾问不仅能够直接出手来平息事态和代理事务，更能够为客户做出面对未来的规划，真正的公关除了"发稿子"做宣传，也要"出点子"，可以对公司起到有力的支撑。

后　记

　　北京师范大学民间外交研究中心是国内高校建立的首家专门研究中国民间外交的研究中心，自2007年成立以来，致力于研究中国民间外交的历史、实践和理论问题，主办相关研讨、发表了一系列重要研究成果，出版了《民间外交与大国崛起》等民间外交研究丛书。

　　本次出版《中国上市公司民间外交发展报告（2014）》旨在反映中国上市公司所发挥的民间外交作用，鼓励其在民间外交领域发挥更大作用，通过实现经济效益与社会效益的双赢，有意识、有目标、有步骤地完成上市公司所承担的民间外交使命。报告立足民间外交的基本目标，遵循上市公司的业务特点，力图建立起上市公司民间外交的量化评价指标体系，并依据企业主动、公开披露的信息得出中国上市公司民间外交50强的排名。

　　本项目研究人员刘君、张梦仙、李洒洒、孙海星、徐青、李晓寒、张丹阳承担了繁重的研究任务，并共同撰写了本报告，是他们的努力和奉献保证了项目的顺利完成。项目执行过程中得到了许多专家和同行的鼓励和支持，感谢北京师范大学政府管理学院唐任伍教授、章文光教授、马勇副教授和吕晓莉副教授对本报告提出的意见和建议。感谢北京捷讯高腾科技有限公司对本项目的资助，特别感谢公司董事长马琳女士一直以来对项目的关心、鼓励和支持。诚挚感谢读者对中国上市公司民间外交的关注，衷心呼吁社会各界为推动和促进中国上市公司民间外交而共同努力！

张胜军

2014 年 12 月